카투사
이렇게 하면
성공한다
최신 개정판

카투사, 이렇게 하면 성공한다 `최신 개정판`

지은이 임희조
펴낸이 정규도
펴낸곳 (주)다락원

초판 1쇄 발행 2013년 3월 11일
2판 1쇄 발행 2016년 9월 30일

책임편집 장의연
디자인 윤지은, 김나경
전산편집 박소연

다락원 경기도 파주시 문발로 211
내용문의: (02)736-2031 내선 520
구입문의: (02)736-2031 내선 250~252 / 팩스 02-732-2037
출판등록 1977년 9월 16일 제300-1977-23호

Copyright ⓒ 2013, 임희조

저자 및 출판사의 허락 없이 이 책의 일부 또는 전부를 무단 복제·전재·발췌할 수 없습니다. 구입 후 철회는 회사 내규에 부합하는 경우에 가능하므로 구입 문의처에 문의하시기 바랍니다. 분실 파손 등에 따른 소비자 피해에 대해서는 공정거래위원회에서 고시한 소비자 분쟁 해결 기준에 따라 보상 가능합니다. 잘못된 책은 바꿔 드립니다.

값 14,800원
ISBN 978-89-277-0078-4 13320

http://www.darakwon.co.kr

• 다락원 홈페이지를 방문하시면 상세한 출판 정보와 함께 동영상강좌, MP3자료 등 다양한 어학 정보를 얻으실 수 있습니다.

카투사
KATUSA

임희조 지음

이렇게 하면
성공한다

최신 개정판

다락원

머리말

카투사가 궁금하다고?
선배한테 물어봐!

카투사가 좋다는 얘기는 많이 들었는데 막상 정보를 찾아보려면 쉽지가 않지요? 인터넷에서 얻을 수 있는 정보는 너무 제한적이고, 책을 찾아봐도 마땅히 참고할 만한 것이 없어 많이들 고생하시더군요.

그래서 저는 이런 분들에게 조금이나마 보탬이 될까 싶어, 학원 수강생 중에서 카투사 지원자들을 대상으로 카투사 지원 방법이나 기타 정보를 알려주는 세미나를 열어왔습니다. 세미나에서 소개한 내용을 카페에도 꾸준히 올리고 있고요. 그러다가 기왕 정보 드리는 김에 좀더 체계적으로, 그리고 더 많은 분들께 드리고 싶은 마음에 제대로 정리해서 책으로 내게 되었습니다.

카투사로 복무하신 분들은 많지만 대부분 자기가 속한 부대 사정 외에는 잘 모릅니다. 그러나 저는 파견 부대 전투헌병이라는 독특한 보직으로 인해 20개 가까운 미군부대를 돌아다니는 아주 드문 경험을 할 수 있었습니다. 그러다 보니 전반적인 카투사 상황이나 분위기를 파악할 수 있어 좀더 신뢰할 만한 정보를 드릴 수 있겠다 싶었습니다. 게다가 제가 학원에서 오래 강의해온 토익 강사인지라 카투사 지원과 합격에 좀더 실질적인 도움을 드릴 수 있는 면도 있고요.

본문에 나오는 내용은 100% 사실에 기반하고 있습니다. 사실관계를 확인하는 데에는 선후임 카투사들의 도움이 아주 컸습니다. 이 책에 나오는 에피소드는 대부분 제 이야기지만 제 선임이나 후임, 동기들이 겪은 일도 있습니다. 편의상 주인공은 저로 설정했으니 오해 없으시기 바랍니다.

걱정하실까봐 한 가지 덧붙이자면, 언론에 공개되었거나 인터넷에서 누구라도 찾아볼 수 있는 것을 넘어가는 수준의 군사비밀은 전혀 공개하지 않았습니다. 또한 이 책에 나오는 정보는 제가 경험하고 기억하는 것만이 아니라 가장 최근 상황까지 업데이트해서 정리했습니다. 그래도 부족한 자료가 있으면 꾸준히 카페에 올려드리고자 합니다.

이 책이 나오기까지 큰 도움을 주신 코리아 헤럴드 허혜진 이사님, 다락원 영어출판부 이동호 부장님, 열심히 책을 만들어주신 편집팀 식구들, Camp Stanley 2nd MP 4 소대원들, 손지수 씨, 친구 박성수, 내용을 일부 작성해준 후임 이수원, 정성훈, 박필수, 모두 감사합니다.

이 책으로 인해 카투사에 대한 올바른 인식이 정립되고 카투사 지원에 대한 관심이 더욱 커지길 바라는 마음 간절합니다. 예카(예비 카투사)들이 꼼꼼하게 지원전략도 짜고 정보를 얻으면서 입대 준비하기에 전혀 부족함이 없으실 겁니다. 전역 카투사들은 군생활의 추억을 꺼내볼 수 있겠네요. 열심히 공부하고 준비하시기를, 그리고 합격하시기를, 토익 점수 상승의 열기가 가득한 강의실에서 기도하겠습니다.

2016년 9월
임희조

차 례

- [프롤로그] 카투사, 이래서 좋다 • 10
- [Q&A] 카투사, 이런 게 궁금하다 • 14

1 카투사에 지원하다

편하다는데, 카투사 갈까? 카투사에 대한 오해와 진실 • 20
그런데 카투사가 뭐야? 카투사의 기능과 역할 • 23
카투사 지원은 어떻게 할까? 선발 방식과 지원 시기 • 25

희조생각 미군과 카투사는 필요한가 • 33

2 훈련소 마치고 후반기 교육대로

와, 합격이다! 카투사 합격의 순간 • 38
이제, 훈련소로 논산 훈련소 24시 • 40
후반기 교육대에 도착하다 KTA 생활 24시 • 42
KTA에서 새로운 물품을 지급받다 KTA 물품 리스트 • 45
KTA 생활, 그리고 퇴소식 카투사 후반기 교육 이모저모 • 52

갔다왔어요 캠프 잭슨의 명물, The Best Mess • 55
알아두기 입대 전에 이것만은 하고 가자 • 58
알아두기 제식용어 총정리 • 62

3 드디어 자대배치 받다

자대가 눈앞이다 캠프 모빌에서의 인프로세싱 • 66
용투사냐 평투사냐 카투사 근무지 • 69
좋은 보직과 영어 실력의 상관관계 미군 보직 알아보기 • 71
군인 잡는 군인, 헌병 보직을 받다 헌병 생활 이모저모 • 75

| 알아두기 | 영어에 도움되는 보직은 따로 있다 • 80
| 알아두기 | 미군에게 리더십 보여주기 • 83
| 희조생각 | SOFA와 대한민국 국력의 상관관계 • 87

4 즐거운 군생활, 먹는 게 남는 거다

미군부대 최고의 식당은? 미군부대 식당 이모저모 • 90
아침에는 계란이 최고 미군 식당의 아침 메뉴 • 93
줄을 잘 서야 하루가 든든하다 메인 오더 라인과 숏 오더 라인 • 97
부대 안에 맥도날드가? 미군부대 패스트푸드섬 • 100
카투사에게 맛있는 한식을 제공하라 미군 식당에서 한식 먹기 • 103
| 갔다왔어요 | KFC, 코리안 프라이드 치킨의 추억 • 105
| 갔다왔어요 | 용산은 달라도 너무 달라 • 107

5 본격적인 군생활이 시작되다

상병이 되기 전에 능력을 길러라 이병, 일병, 상병의 임무 • 112
프라이빗 림의 범인 검거가 시작되다 카투사 일병 분투기 • 116
카투사 헌병의 좌충우돌 사건일지 미군부대 험악 사건 총정리 • 119
드디어 믿음직한 선임병장이 되다 SK로서의 새로운 생활 • 126
후임의 편안한 복무환경을 보장하다 카투사 복지 향상 프로젝트 • 132
| 갔다왔어요 | 미군 사이에서 인정받기 • 137
| 희조생각 | 미군들은 나쁜 놈들인가 • 140
| 알아두기 | 미군 계급체계에 대하여 • 143

6 카투사는 훈련을 어떻게 할까?

PT 포메이션의 모든 것 매일 하는 PT 집합 알아보기 • 148
PT는 순서대로 하자 PT 순서와 준비물 • 152
PT 테스트란 무엇인가 PT 테스트 종목과 합격기준 • 158
미군의 체력을 아는가 한국군과 미군의 PT 차이점 • 163
카투사는 이렇게 훈련한다 카투사 훈련 일지 • 165
훈련 나가서 먹고 자기 훈련 식량과 훈련 숙소 • 171
`알아두기` 미군 군가 알아보기 • 177

7 카투사의 사생활, 이런 게 궁금해

나인 투 파이브를 경험하다 카투사 근무시간 • 182
카투사에만 있다 한국군과 카투사의 다른 점 • 185
부대 안에도 학교가 있다 훈련학교와 기장 • 192
부대 내 생활 엿보기 부대 내 편의시설 • 195
막사 생활 대공개 1 막사 안 공용공간 • 204
막사 생활 대공개 2 막사에서의 일상 • 213
`갔다왔어요` 최고의 다림질 마스터는 누구? • 218
`알아두기` 카투사는 면회가 없다 • 222
`알아두기` 미군부대 밖에는 뭐가 있을까? • 225

8 드디어 제대다

클리어링 기간을 알차게 써라 제대 준비 똑똑하게 하기 • 230
취업 잘하려면 이렇게 하라 영어 실력 올리기 위한 군생활 비법 • 233
제대하면 이것부터 하자 제대 전후에 꼭 알아둘 5가지 수칙 • 237
  알아두기 미군부대에 취직하기 • 241
  갔다왔어요 카투사 취업 성공기 • 244

9 토익 점수, 이렇게 올려라

토익 시험, 이렇게 준비하라 토익 공략법 • 250
LC: 문제를 풀까, 정리를 할까 LC 문제 대처법 • 254
RC: 문제는 표현이다 RC 문제 공략법 • 258
입대 전 영어공부는 필수다 입대 전에 영어 준비하기 • 260
학원이냐 독학이냐, 그것이 문제로다 나에게 맞는 영어공부법 • 262

프롤로그

카투사, 이래서 좋다

카투사, 뭐가 좋을까?

정말 많은 20대 청년들이 카투사에 가고 싶어합니다. 최저 경쟁률이 6.5:1, 평균 경쟁률은 10:1에 이르고, 가장 치열할 때는 20:1에 이를 정도니까요. 그런데 도대체 뭐가 그렇게 좋길래 이렇게 인기가 있는 걸까요?

첫째로, 지나치게 괴롭히는 일이 없습니다. 한국군에서는 간혹 성격 나쁜 고참들이 신참을 괴롭히는 일이 벌어지기도 하지요. 그러나 카투사가 되면 미군들이 바로 근처에서 보고 있기 때문에 숨어서 때리거나 괴롭히는 것은 거의 불가능합니다. 95% 이상이 대학생이기 때문에 학력 차이가 별로 없다는 것, 그리고 미군부대에서 낯선 환경에 적응하느라 다들 자기 앞가림하기에 바쁘다는 것도 영향이 있을 겁니다. 간혹 구타가 없는 것은 아니지만, 제 경험상 아주 드문 정도입니다.

둘째, 총기 관련 사고가 거의 없습니다. 한국군에서 가끔 일어나는 총기사고를 뉴스에서 접할 때마다 정말 안타깝습니다. 요즘 20대가 너무 나약해서 그렇다, 선임들의 지나친 괴롭힘과 폭행이 문제다. 별의별 해석들이 쏟아지고 있지만, 원인이 무엇이든 총기 관리만 확실히 해도 이런 일은 줄어든다고 봅니다. 카투사나 미군은 헌병만 실탄 지급을 받고 근무하는 데다가, 헌병이라도 실탄을 지급받기 위해서는 사격 자격을 얻어야 하고, 정신적으로 안정되어 있음이 증명되어야 합니다. 무기고 위치를 아는 사병도 별로 없고, 안다 해도 접근하기 어려워 사고가 드물죠.

셋째, 가장 큰 장점이라고 할 만한 것은 이것인데요, 영어 실력을 늘릴 수 있습니다. 물론 카투사로 간다고 무조건 영어가 느는 것은 아닙니다. 영어를 많이 쓰는 보직을 받아 근무하거나 꾸준히 영어공부를 해야 눈에 띄게 발전할 수 있습니다. 카투사 전역자들의 토익 평균점수가 870점이니, 기본적으로 커트라인 780점을 받고 들어갔다고 치면 100점이나 상승하는 셈이지요. 어디까지나 개인 차이는 있지만 조금만 신경 쓰면 얼마든지 영어를 얻을 수 있는 환경이 조성되어 있다는 것은 확실합니다. 살아있는 영어교재들(미군들)이 늘 곁에 있으니까요.

카투사로 어학연수 가자

그저 생활영어를 하는 정도가 아니라, 전투 상황을 가정하고 치열하게 영어로 의사소통을 해야만 하는 곳이 카투사입니다. 최전방이나 포병, 전투병과 같은 보직을 받으면 영어가 더 빨리 늘지요.

자대배치 후 3~4개월 안에 영어 실력을 상당한 수준으로 끌어 올려야 한다는 부담감이 있는 점이 일반 어학연수와는 다릅니다. 그래서 카투사로 제대하면 취업할 때 상당히 유리합니다. 동일 기간 어학연수를 한 사람보다 카투사 출신의 영어 실력을 더 인정해주는 것이 일반적인 추세입니다.

비용 면에서도 어학연수와 비교가 안 됩니다. 미국이나 캐나다, 호주, 영국 등지로 6개월이나 1년 어학연수를 간다고 해볼까요? 유학원이나 인터넷 등을 통해 정보 찾는 데에 쓰는 시간과 노력은 기본이고, 왕복 비행기값, 현지 어학원 비용, 숙박비 및 체류 비용을 합치면 대체로 6개월에 1천만 원은 쉽게 넘어갑니다.

그런데 카투사로 복무하면 어떤가요? 어디로 갈까 알아볼 필요가 없습니다. 영장 나오면 그냥 가면 됩니다. 또한 6개월 단기가 아니라 무려 2년 동안 영어만 쓰게 해줍니다. 어학연수처럼 나 홀로 떨어져 외로운 것도 아니고 동료 선임, 후임 카투사들과 시간을 보낼 수 있습니다. 숙박비, 체류비, 비행기값, 아무것도 필요 없습니다. 최상의 조건에서 공짜로 어학연수를 할 수 있는 셈이죠.

물론 배치받는 유닛과 부대, 보직에 따라 영어 향상 여부에는 큰 차이가 있지만, 영어 향상에 도움이 안 되는 보직에 배치를 받았다 하더라도 카투사들로만 구성되어 있는 유닛은 없습니다. 평균적으로 미군 10명당 카투사 1명으로 배치를 받게 되지요. 따라서 미군과 좋은 관계를 유지하고 서로 도움을 주고받도록 노력만

한다면 어학연수보다 훨씬 효과적으로 영어 실력을 높이고, 취업에서도 유리한 고지를 점할 수 있습니다.

이렇게 여러모로 이점이 있는 카투사로 군대가기, 이 좋은 기회를 잡기 위해 이 책과 함께 꼼꼼하게 전략도 짜고 정보도 얻으시길 바랍니다.

Q&A

카투사, 이런 게 궁금하다!

Q1 카투사가 뭔가요?

카투사(KATUSA)는 Korean Augmentation Troops to the United States Army(미 육군에 대한 한국군 증원 보충부대)의 약자입니다. 미군을 보충하기 위한 한국군이라는 의미죠. 주한 미8군의 각 부대에서 미군들과 생활하며 미군과 한국군 사이에서 원활한 작전수행을 돕는 대한민국 육군입니다. ▶ 자세한 내용은 23 페이지

Q2 카투사는 미군 소속인가요?

전혀 아닙니다. 카투사는 어디까지나 한국군 소속입니다. 자대배치를 미군부대로 받았다고 생각하시면 됩니다. 따라서 미8군과 한국군 지원단 두 곳의 조정 및 통제를 받습니다. 카투사는 교육훈련에 대한 통제 및 군수 지원은 미군으로부터 받고 있지만, 인사행정 및 권익보호는 한국군 지원단에 의해 이루어집니다. 그러나 어디까지나 대한민국 육군 소속이므로, 한국군 특히 육군의 모든 요소를 갖추고 있습니다. 동일한 진급, 휴가, 월급, 상벌 규정을 적용받습니다. 한국군으로 미군에 파견을 나가있다고 생각하면 좀더 자긍심이 생길 것이고 또한, 그 마음을 가져야 무시당하지 않고 가슴을 펴고 복무하실 수 있습니다.

Q3 카투사와 육군 어학병은 어떻게 다른가요?

가장 큰 차이점은 카투사는 미군부대에서 근무하고 육군 어학병은 한국군 부대에서 근무한다는 겁니다. 따라서 카투사와 육군 어학병은 지원방법 자체가 다릅니다. 별도로 지원을 하지요. 카투

사로 합격하면 전국에 흩어져 있는 미군부대로 배치를 받아서 그곳에서 제대까지 복무하지만, 육군 어학병은 한국군 부대에 배치를 받아서 복무하는데 보직을 '어학병'으로 받게 되는 것이지요. 어학병은 평소에는 부대 고유직책의 업무를 수행하면서 필요 시 외국서적 번역, 외국군과 업무협조 및 연합작전 시 통역임무 등을 수행합니다. 육군 어학병은 기본적으로 영어를 잘하는 인원을 선발하여 '어학병' 보직을 주는 것이므로, 토익 900점을 넘는다면 육군 어학병으로 선발될 가능성이 높습니다. 어학병은 영어뿐 아니라 일본어, 중국어, 독일어, 아랍어, 프랑스어, 러시아어, 스페인어 등 다양한 언어를 대상으로 선발합니다.

Q4 카투사 지원자격은 어떻게 되나요?

지원서 접수년도 기준 18세 이상 28세 이하인 사람 중에서, 중졸 및 동등 학력을 소지한 신체 등위 1~3급 중 현역병 입영 대상자가 지원할 수 있습니다. 또한 토익 780점, 텝스 690점, 토플 IBT 83점, PBT 561점, G-TELP(Level 2) 73점, FLEX 690점, 오픽 IM2, 토익스피킹 140점, 텝스 스피킹 61점 이상 등 최근 2년 이내에 취득한 어학성적을 제출해야 합니다. 국외 토익과 토플 응시자는 지원서 접수 마감일 다음 날까지 응시 지역 지방 병무청으로 성적표를 제출해야 하며, 영국이나 일본 토익 응시자는 성적조회 동의서도 함께 내야 합니다. (2016년 7월 19일 병무청 군지원 안내 공지사항 참조) ▶ 자세한 내용은 28 페이지

Q5 카투사 합격에 제일 좋은 어학시험은 무엇인가요?

앞서도 말씀드렸듯이 카투사 지원 가능한 영어 시험은 토익만 있는 것은 아닙니다. TEPS, TOEFL, G-TELP, FLEX 등도 기준을 충족하면 지원이 가능합니다. 하지만 미리 준비를 했던 것이 아니라면 토익 이외의 시험은 쉽지 않습니다. 따라서 토익을 준비해서

지원하는 것이 가장 좋습니다. 물론 텝스나 토플을 준비해왔던 지원자라면 토익을 새로 준비하기보다는 텝스나 토플 기존 성적을 제출하시는 것이 좋습니다. 토익은 유형이 좀 다르기 때문이지요.

▶ 자세한 내용은 31 페이지

Q6 어학시험 성적이 높으면 유리한가요?

그렇지 않습니다. 여러 영어 시험 점수로 지원 가능하지만 주로 토익 점수를 많이 제출하므로 토익을 예로 들면, 토익 780점 이상 지원자 중에서 선발하되, 780점 이상, 850점 이상, 920점 이상 이렇게 3그룹으로 나눠서 그 안에서 선발합니다. 점수가 높으면 유리할 것이라고 생각하기 쉬운데, 전혀 그렇지 않습니다. 지원자 대비해서 상대적으로 추첨해서 선발하기 때문에 합격에 유리한 점수는 원칙적으로 없다고 생각하시면 됩니다. 하지만 책에서도 강조했듯이 850점 이상 받고 합격하셔야 보직도 좋게 받을 수 있고, 자대생활도 쉬워집니다. ▶ 자세한 내용은 32 페이지

Q7 카투사 경쟁률은 얼마나 되나요?

최근 3년 간 카투사 지원 평균 경쟁률은 2014년 6.7:1, 2015년 7.6:1, 2016년 8.3:1이었습니다. 입대 희망월에 따라 조금씩 차이가 있습니다만, 대략 6:1에서 10:1 정도라고 생각하시면 됩니다. 과거에 지원이 치열할 때에는 20:1일 때도 있었습니다. 월별 경쟁률이 다른 것은 일단 제대 후의 복학 시기나 훈련소 입대했을 때의 계절을 고려하는 수험생들이 많기 때문입니다. 합격률을 높이기 위해서는 경쟁률이 가장 낮을 때를 선택하시라고 알려드리고 싶네요. 카투사로 제대했을 때의 장점은 1학기 정도 늦은 졸업의 단점을 상쇄합니다. ▶ 자세한 내용은 30 페이지

Q8 카투사 복무 기간은 얼마나 되나요?

카투사는 대한민국 육군과 동일한 휴가일수, 월급, 복무기간을 적용받습니다. 기본적으로 육군 소속으로 미군에 배치받은 것이니까요. 따라서 2016년 현재 카투사의 복무기간은 21개월입니다. 하지만 육군과 비교할 때 근무가 없는 오프(off)는 상당히 많은 편입니다.

Q9 카투사도 훈련소 생활을 하나요?

당연합니다. 대부분의 카투사는 논산훈련소에 입대해서 육군훈련병과 동일한 5주 간의 기초군사훈련을 받습니다. 카투사 합격자들은 매월 1기수가 같은 대대에 입소해서 훈련을 받습니다만, 육군 훈련병들과 독자적으로 별도의 훈련을 받는 것이 아닙니다. 함께 같은 조교 밑에서 같은 프로그램으로 훈련을 받습니다. 차별대우도 없고, 당연히 우대해주는 것도 없습니다. 신체등위 3급 이상인 자원들로 구성되어 있으므로 열외를 시켜주어야 할 이유가 없는 것이지요. 다만 5주 훈련이 끝나고 나서부터는 3주 간 후반기교육을 카투사들끼리 따로 받게 됩니다.

Q10 카투사 월급은 한국군보다 많은가요?

카투사는 한달에 40만 원을 받는다더라 하는 항간에 떠도는 소문을 저도 들어보았습니다만, 말도 안 되는 소리입니다. 카투사의 월급은 대한민국 육군의 월급과 동일합니다. 휴가일수, 보너스, 월급, 진급규정 모든 것이 육군과 같지요.

Q11 카투사 식단은 어떤가요?

미군부대에 배치되어 군복무하므로 당연히 미군부대 식당(D-Fac, 디팩)에서 세 끼를 먹습니다. 그러다 보니 기름진 서양식 식사가 주종을 이루지요. 요즘은 패스트푸드와 각종 서양 음식이 한국에도 흔하기 때문에 식사 때문에 어려움을 겪는 카투사는 많지 않습니다. 그래도 거의 모든 미군부대 디팩에서 한국밥, 고추장, 김치 등을 기본적으로 제공을 하고요, 부대에 따라 몇 가지의 한식이 나오는 경우도 있으니 김치 없이 못 사는 토종 한국 입맛을 가진 분이라도 너무 걱정 안 하셔도 됩니다. ▶ 자세한 내용은 103 페이지

 카투사에 지원하다

★ 편하다는데, 카투사 갈까?
　카투사에 대한 오해와 진실

★ 그런데 카투사가 뭐야? 카투사의 기능과 역할

★ 카투사 지원은 어떻게 할까? 선발 방식과 지원 시기

편하다는데, 카투사 갈까?
카투사에 대한 오해와 진실

▌ 카투사는 편한 곳이 아니라 좋은 곳이다

제가 입대 전 군대를 어떻게 갈지 고민하고 있을 때, 마침 카투사에 입대한 친구가 있어서 이것저것 물어봤습니다.

"야, 카투사 편하다며?"

"편하다고? 음…, 그건 잘 모르겠고, 카투사가 좋기는 해."

편하지는 않은데 좋기는 하다? 뭐가 어떻게 좋은지 자세한 얘기는 안 해주고 선문답 같은 말만 하니 무슨 소리인가 싶더군요. 그런데 제가 입대를 하고 나서 겪어보니 녀석의 말이 사실이었습니다.

보직에 따라 다르지만 카투사의 50% 정도는 '편하고 좋은' 군생활을 합니다. 자대배치받고 제대할 때까지 총이라고는 딱 한번 쏴보고 제대하는 카투사들도 많습니다. 훈련량이 한국군에 비해 적은 편이지요.

시설 면에서도 카투사는 한국군에 비해 훌륭합니다. 건물 안에만 있으면 여름에는 추울 정도로 시원하고 겨울에도 반팔에 반바지 입고 생활할 정도입니다. 야외훈련에 나가더라도 바닥에서 자지 않습니다. 미국 사람들은 바닥에서 못 자거든요. 반드시 간이침대에서 자죠. 훈련 텐트 안에 난로도 있어 따뜻합니다.

▎ 남의 나라 군대에 적응한다는 것

이렇게 훈련도 적고 시설도 편리한데, 그럼에도 편하지 않다는 건 무슨 말일까요? 그건 남의 나라 군대에 있다는 느낌 때문입니다. 분명 우리나라 땅에서 군복무를 하는데도 불구하고 미군들을 신경 쓰면서 이들과 관계를 잘 맺어야 하니까요. 대단히 일부이기는 합니다만, 한국사회와 한국에 대해 잘못된 인식을 가지고 있는 미군들도 있습니다. 한국에 두 차례 이상 배치받아 근무한 경험이 있는 하사관들은 한국을 좋아하는 편입니다. 하지만 삐딱한 사고를 가지고 있는 미군 사병, 하사관들도 분명히 존재합니다. 그런 삐딱한 미군의 인식을 고치고자 애를 쓰는 일은 카투사 생활에서 힘든 부분입니다.

또한 미군과의 체력적 열세도 극복해야 하고, 상병급 이상이 되면 리더십을 보여줘야 하는 부분도 만만치 않습니다. 한국군도 물론 진급에 따라 리더십을 보여줘야 됩니다. 하지만 대한민국 육군은 상병이나 병장 때 분대장으로 한국 사병들만 통솔하면 되는데 비해, 카투사는 미군까지 동시에 통솔해야 합니다. 그것도 영어로요. 게다가 미군들을 제대로 통솔하려면 미국문화도 이해해야 합니다.

카투사 중에서도 행정병이나 ROKA Staff(한국군 지원단)에 소속되면 미군과 부딪칠 일이 별로 없습니다. 대부분의 시간을 카투사들끼리 보내게 되지요. 문제가 있더라도 카투사의 숫자가 워낙 많고 한국군에서 나온 상사나 장교들도 함께 있기 때문에 쉽게 해결됩니다. 미군과는 그저 오다가다 인사하고 지내면서 같이 운동하는 정도만 생활하면 됩니다. 이런 곳에 배치받고 싶으시다고요? 보통 토익 점수가 높으면 이런 보직을 받지만 영어 실력은 향상되지 않습니다. 모든 일에는 일장일단이 있는 법이니까요. 어쨌든 그 외의 보직을 받는 대다수의 카투사들은 미군과 원활하게 생활하는 데에 신경을 많이 써야 합니다.

군복무를 하면서 문화사절단 역할도 하고 공짜 언어연수도 하는, 알차고 보람 있는 시간을 보내고 싶으신가요? 그러면 카투사에 지원하세요. 그리고 편한 보직만 원하지 마시고 주어진 상황을 적극적으로 이용하세요. 무시당할 때는 지휘 계통을 거쳐서 논리적으로 항의하고 논쟁하고 대화하고자 노력하세요. 영어 실력을 계속 늘리고 그네들처럼 사고하는 법도 배우세요. 편한 군생활을 바라기보다는 이 기간을 자기 발전의 기회로 이용하세요. 그러면 2년 남짓한 군생활을 끝냈을 때 어디서도 얻을 수 없는 귀중한 자신감을 얻게 될 겁니다.

이런 놀라운 경험을 할 수 있는 기회가 주어지는 곳, 그곳이 카투사입니다. 이제는 카투사가 편한 곳이 아니라 좋은 곳이라는 것, 인정하시겠지요?

그런데 카투사가 뭐야?
카투사의 기능과 역할

▌ 카투사의 역사

카투사라는 제도는 우리나라에만 존재하는 것으로, 전세계에 유례가 없는 제도입니다. 현재 우리나라가 종전(終戰)이 아니라 휴전(休戰) 상태인 상황에서 어쩔 수 없는 필요에 의해 만들어진 것이죠. 카투사(KATUSA)란 Korean Augmentation Troops to the United States Army(미 육군에 대한 한국군 증원 보충부대)의 약자입니다. 즉, 미군을 보충하기 위한 한국군이라는 의미입니다.

카투사는 1950년 8월에 이승만 대통령과 맥아더 유엔군 사령관 간의 합의로 만들어졌으니 역사는 꽤 오래되었습니다. 한국전쟁 당시 미군에 병력을 보충하고 작전수행을 원활하게 하기 위해서 창설된 것이 카투사의 시작이었죠. 지금은 휴전 상태라서 대한민국에 주둔하는 미군 숫자가 제한되어 있습니다. 그래서 이를 보충하면서 한국 땅에서 원활한 작전을 가능케 하기 위해서 카투사가 지속되고 있습니다.

▌ 카투사의 중요성

카투사 제도 존속에 회의적인 시각을 갖고 있는 이들도 있습니다. 그러나 현재 우리나라가 처해 있는 군사적인 문제를 고려할 때 카투사의 역할은 중요합니다. 그런 일은 결코 없어야겠지만, 만에 하나 전쟁이 발발할 경우에 물자 증원, 병력 이동, 전투 수행 시 미군과 한국군의 가교 역할을 할 카투사가 없다면 전쟁 수행이 어려울 수 있습니다.

또한 주한미군이 대한민국 땅에서 일으키는 크고 작은 사건사고를 최소화하기 위해서라도 카투사 제도는 지속되어야 한다는 것이 제 생각입니다. 미군부대 주변에는 이런 저런 말썽들이 일어납니다. 그러나 카투사들이 각 유닛에서 자리를 잘 잡고 카투사 헌병들이 소임을 잘하고 있는 경우는 이런 말썽을 줄일 수 있습니다. (유닛에 맞는 우리말은 '단위 부대' 정도가 가능합니다. 미군부대는 그 안에 공병, 정보대, 포병, 보병, 공병, 헌병, 의무병 등이 섞여 있는데, 그 단위를 유닛이라고 부릅니다.)

카투사들이 미군사병, 하사관, 장교들과 원만한 관계를 맺고 있으면 대한민국 전체에 대한 이미지 향상에도 큰 도움이 됩니다. 미군부대 주변에서 유독 사고가 많다면 그 부대는 카투사 헌병이 없던가, 아니면 카투사들이 제 몫을 못하고 있는 것이라고 볼 수도 있습니다. 따라서 전시작전권이 대한민국으로 다시 넘어온다 하더라도 카투사 제도는 유지하는 것이 바람직하다고 생각합니다. 카투사와 카투사 헌병이 없는 부대에는 사고가 생길 가능성이 커지고 해결이나 예방 가능성은 그만큼 줄어드니까요.

카투사 지원은 어떻게 할까?
선발 방식과 지원 시기

▌ 카투사 선발과 영어 실력

우리 아버지 대에는 카투사의 인기가 그리 대단하지 않았지만, 한국군에 비해 군생활이 편하고 영어도 배울 수 있다는 장점이 알려지면서 지원자가 급증하며 과열 양상을 보이게 됩니다. 그러자 제도를 바꿔서 1999년 입영 대상자부터는 토익 700점 이상 지원자 중에 추첨해서 선발하는 것으로 변경되었습니다. 그러다가 어떤 이유에서인지 바로 다음 해 600점으로 기준을 낮추었다가 곧 다시 780점으로 높아졌지요.

대한민국 땅에서 미군이 훈련과 작전을 원활하게 수행하도록 돕고자 카투사가 배치되는 것인데, 그런 카투사가 영어 실력이 부족하면 작전 수행에 문제가 생길 수밖에 없습니다. 아무래도 토익 점수가 600점인 카투사와 800점인 카투사는 영어 실력에 차이가 있을 수밖에 없겠지요. 그래서 불필요한 경쟁은 막고 일정 정도의 영어 실력을 보장할 수 있는 780점으로 지원 기준을 상향조정해서 지금까지 유지하고 있습니다.

물론 토익 600점으로 입대한 카투사들이 다 영어를 못하는 것은 아닙니다. 후임 중에서 입대 시에는 600점대였지만 제대하고 930점을 받은 친구도 있고요. 영어가 그다지 필요하지 않은 보직도 많습니다. 그럼에도 불구하고 영어 실력은 카투사에게 일단 기본이라고 볼 수 있습니다.

카투사 선발방식의 변화

앞에서도 말씀드렸지만, 카투사 선발은 아래와 같은 순서로 선발방식에 꾸준히 변화를 주면서 진행되었습니다.

▶ 카투사 선발방식

선발방식	내용	시기
중앙선발고사	육군종합행정학교 주관 국어, 영어, 국사, 윤리 시험	1987 ~ 1996년
ECL 시험	논산훈련소에 한국군 입영 대상자로 입소한 인원 중 희망자 대상	
토익	고득점순으로 선발(커트라인이 870점에 이름)	1997년
토익 700점 이상	1999년 입대는 1998년 11월부터	1998 ~ 1999년
토익 600점 이상	이때부터 TEPS도 가능	2000년
토익 700점 이상	점수만 상향 조정	2001 ~ 2008년
토익 780점 이상	텝스, 토플, G-TELP, FLEX 가능	2009년 ~
	TOEIC Speaking, TEPS Speaking, OPIc 추가	2017년 ~

1996년까지 중앙선발고사로 뽑았을 때에는 문제가 별로 없었습니다. 문제가 있다면 그 시험이 지나치게 어려웠다는 것이었죠. 카투사를 선발하는데 왜 국사와 윤리까지 시험을 보는지도 이해하기 어려운 부분이었고요. 그래도 시험이 공정하게 진행되니까 큰 문제는 없었습니다. 시험이 어려웠기 때문에 서울 시내의 소위 상위권 대학 출신 학생들의 합격률이 대단히 높았던 시기였습니다.

논산훈련소에서 ECL(English Comprehension Level) 시험으로 인원을 충원할 때에는 안팎으로 문제가 좀 있었습니다. 논산훈련소에서 한국군으로 자대배치를 받기 위해 군사훈련 중인 인원에게 무작위로 시험을 치를 기회를 주었는데요, 이때 시험응시 기회가 훈련생 전원에게 주어진 것이 아니었습니다. 게다가 ECL 시험을 통해 카투사로 선발된 인원의 영어 실력이 상대적으로 부족했는데, ECL 시험이라는 것이 중앙선발고사 영어 시험에 비해 굉장히 쉬운 시험이었기 때문이었죠.

1990년대까지만 하더라도 현역병 중에서 대학생 비율이 그다지 높지 않았습니다. 그래서 중졸부터 대졸까지 다양한 학력수준과 지적배경을 갖고 있는 사람들이 모여 있는 논산훈련소에서 상대평가로 인원을 선발하다보니 절대평가 방식의 중앙선발고사와는 영어 실력에 차이가 있을 수밖에 없었습니다. 또한 전국의 육군훈련소를 모두 대상으로 한 것도 아니고 유독 논산훈련소에서만 선발했으니 기회균등의 원칙에도 위배되는 좀 이상한 시험이었던 것이지요.

게다가 1990년대 중후반부터는 카투사의 인기가 높아져 카투사로 입대하기 위해 재수, 삼수까지 하는 지원자들이 생겼습니다. 경쟁이 워낙 과열되다보니 행시, 사시, 외시에 이어서 '카시'라는 말까지 나올 정도였지요.

이렇듯 여러 가지 폐단이 드러나면서 공정을 기하는 것이 좋겠다는 판단과 함께, 지나치게 어려운 중앙선발고사의 문턱을 낮춰서 카투사 진입의 길을 열어줄 필요가 있다는 합의에 이릅니다. 결국 공신력을 확보할 수 있도록 지원제도를 토익 점수 제출로 바꿉니다. 사실 카투사로 복무하는데 국사와 윤리, 그리고 지나치게 어려운 영어 시험이 필요한 것은 아니었거든요.

그런데 중앙선발고사를 폐지하고 토익 점수로 카투사를 모집하자마자 카투사 합격자의 커트라인이 870점이 넘는 또 다른 폐해가 나타났습니다. 커트라인이 870점이라는 것은 대다수 합격자의 토익 점수가 900점이 넘었다는 뜻이지요. 지나친 고학력자 집중, 지나친 과열 경쟁을 개선하겠다는 병무청의 취지와 맞지 않는 결과가 나타난 겁니다.

　게다가 이때는 지원횟수에 제한이 없었습니다. 지금은 단 1회만 지원할 수 있고 탈락하면 재응시가 불가능합니다. 일반 한국군으로 지원해서 입대해야 되지요. 그러나 과거에는 나이 제한에 걸리기 전까지는 계속 지원할 수 있었으니 과열 경쟁을 잠재우기 힘든 점이 있었습니다.

현재의 선발 방식

결국 이듬해에 바로 토익 700점 이상인 지원자 중에서 무작위 추첨을 통해서 선발을 하는 방식으로 바뀝니다. 하지만 바로 다음 지원을 받을 때 토익 600점 이상인 지원자로 기준을 더 낮췄다가 이듬해에 바로 700점으로 환원합니다. 그러다가 좀더 나은 수준의 영어 실력을 보장하기 위해 2009년부터는 토익 점수 780점 이상으로 제한해서 적용하고 있습니다.

　변화는 몇 가지 더 있습니다. 과거에는 고졸 이상의 학력자로 제한하다가 현재는 중졸 이상의 학력만 되면 지원이 가능합니다. 실제로는 카투사 합격자의 95% 이상이 대학 재학 이상의 학력을 가지고 있습니다. 그러나 영어 실력만 있으면 학력과 관계없이 지원의 문은 열려 있습니다.

　또 초기에는 토익 점수만으로 선발했지만, 현재는 텝스, 토플, G-TELP, FLEX 등의 시험에서도 해당 점수 이상을 받으면 지원할 수 있습니다. 실제로는 토익 점수로 입대 지원하는 카투사 후보대상자들이 90% 이상입니다. 영어 시험 항목별 점수비교표를 보면 텝스 690점이 토익 780점에 상응하는 것으로 나와 있지만 실제로는 그렇지 않습니다. 텝스나 토플 공부를 먼저 몇 달간 하다가 토익으로 변경했다면 비슷한 결과가 나오기도 하는데요, 특이하게도 토익을 먼저 공부하다가 텝스나 토플을 공부하는 학생들은 점수가 많이 낮습니다. 아마도 많은 토익 학원에서 문제 푸는 요령만 전해주기 때문이 아닌가 싶습니다. 어떤 이유에서든 토익 점수가 월등히 높게 나오기 때문에 대부분의 응시자들은 토익 점수를 제출하고 있습니다.

상위권 대학 출신이 아니어도 좋다

카투사를 중앙선발고사나 토익 점수 고득점순으로 선발할 때는 소위 명문대 출신들의 비율이 높았습니다. 그렇지만 응시횟수를 1회로 제한하고 토익 700점 이상에서 무작위 추첨을 하게 된 이후 현재에 이르러서는 그 비율이 15% 정도 됩니다(2012년 9월 29일자 병무청 공식 발표 자료). 생각보다 높지 않지요.

자기가 있던 부대에서는 명문대 출신 카투사 비율이 더 높았다며 데이터를 못 미더워하는 카투사 현역이나 예비역들도 있는데, 복무했던 자대 상황만 생각하고 그런 결론을 내리는 것 같습니다. 20개 가까운 부대를 돌아다녀본 제 경험으로는 15%라는 데이터가 맞다고 봅니다.

유리한 지원 시기와 자격

병무청 지원규정에 따라 카투사 지원자격을 정리하면 다음과 같습니다. 지원서 접수 연도 기준으로 18세 이상 28세 이하인 남자로, 중졸 이상 학력을 가지고 신체등위 1~3급을 받은 인원 중 현역병 입영대상자가 지원할 수 있으며, 카투사 지원은 1회로 제한합니다. 징병검사를 받지 않은 사람도 지원할 수 있으나 지원서 접수 후 선발일정 등을 감안하여 그 전까지 신체검사를 반드시 마쳐야 합니다. 신체검사 결과 신체등위 4급 보충역 판정을 받은 경우에는 선발에서 제외됩니다. 선발인원은 매년 달라지는데 대체로 2,000명 내외입니다. 지원자 수도 15,000명에서 25,000명까지 매년 변화가 있다고 생각하시면 됩니다.

 육군 복무기간이 21개월로 줄어들었기 때문에 대학생들은 대부분 제대 후 복학시기에 맞춰서 입대시기를 결정하곤 합니다. 카투사도 크게 다르지 않습니다. 다음 표에서 보듯이 제대하고 잠시 준비기간을 가진 후에 바로 1학기로 복학할 수 있는 1~4월이 늘 경쟁률이 높습니다. 그에 비해 훈련소에서 더위와 추위를 겪어야 하는 6월과 7월, 11월과 12월에 경쟁률이 가장 낮지요.

▶ 입대 연도

입영희망월	2016	2015	2014	2013	2012	2011
1월	10.1	8.1	8.4	9.4	9.1	8.9
2월	10.7	8.1	8.4	9.4	9.3	9.0
3월	10.4	8.4	8.5	9.5	9.5	9.1
4월	9.8	8.3	8.0	8.6	9.1	8.7
5월	8.1	8.0	6.6	7.4	7.7	7.3
6월	6.9	7.4	5.7	6.5	6.8	6.5
7월	7.0	7.4	6.0	6.8	6.9	6.7
8월	7.3	7.3	6.1	7.1	7.1	6.7
9월	8.0	7.3	6.4	7.5	7.3	6.9
10월	7.3	7.0	6.0	7.0	6.9	6.4
11월	6.8	6.6	5.3	6.3	6.4	6.1

12월	6.8	6.5	5.3	6.3	6.4	6.1
평균 경쟁률	8.3	7.6	6.7	7.6	7.7	7.4
총 선발인원	2041	2070	2100	1930	2100	1920

그러나 훈련시기나 복학시기는 카투사 입대시기를 결정하는데 전혀 중요하지 않습니다. 중요한 것은 가장 경쟁률이 낮은 때를 택해서 합격 확률을 높이는 것이지요. 일단 카투사로 제대하면 취업시장에서 유리한 고지를 차지하게 되므로 1학기 정도 휴학을 하게 되더라도 크게 손해 보지 않습니다. 여름이나 겨울에 훈련받기는 좀 힘들어도 경쟁률을 낮출 수만 있다면 견딜 만한 일입니다. 오히려 너무 덥거나 추우면 야외훈련이 줄어드니 걱정 말고 경쟁률이 낮은 달에 지원하세요.

▶ 시험 종류별 커트라인

시험 종류	TOEIC	TEPS	TOEFL		G-TELP Level 2	FLEX	TOEIC Speaking	TEPS Speaking	OPIc
			IBT	PBT					
커트라인	780	690	83	561	73	690	140	61	IM2

대부분의 카투사 지원자들이 토익 점수로 신청서를 제출합니다. 앞에서도 잠깐 얘기했지만 토플, 텝스, G-TELP, FLEX 등의 점수도 제출이 가능합니다. 어떤 시험이 가장 유리하냐는 질문을 많이 받습니다만, 다른 시험을 준비해본 적이 없으면 무조건 토익으로 준비하라고 권해 드립니다. 텝스나 토플은 점수를 쉽게 받을 수 있는 쉬운 시험이 아니거든요.

▶ 그룹별 점수 영역

	TOEIC	TEPS	TOEFL		G-TELP Level 2	FLEX
			IBT	PBT		
1 그룹	780-850	690-790	83-95	561-600	73-80	690-790
2 그룹	851-920	791-890	96-105	601-640	81-90	791-895
3 그룹	921-990	891-990	106-120	641-677	91-100	896-1000

　병무청 발표에 따르면 각 시험점수별로 카투사 선발자를 결정합니다. 컴퓨터 무작위 추첨방식으로 선발하는데, 월별 지원자를 어학 점수대별로 3개의 그룹으로 나누어 각 그룹별 지원자가 차지하는 비율을 적용하고 모집인원을 배정하여 합격자를 추첨하는 방식입니다.

　따라서 지원자격만 되면 성적에 관계없이 선발될 확률은 같습니다. 다만 지원자를 월별로 접수하여 선발하기 때문에 월별 경쟁률은 전역 후 학업공백을 줄일 수 있는 1~4월이 다른 시기에 비해 높습니다. 다시 한번 말씀드리지만 이 책을 읽고 계신 여러분들은 무조건 경쟁률이 가장 낮은 달을 택해서 지원하세요.

| 희조생각 | **미군과 카투사는 필요한가**

미군이 파병하고 있는 나라는 대한민국만은 아닙니다. 독일, 일본, 영국, 이탈리아 등에도 미군이 주둔하고 있지요. 이런 나라 가운데 미군들이 가장 가고 싶어하는 나라는 독일, 사우디 아라비아, 일본 등이라고 합니다. 이에 비해 대한민국에는 아직도 오기를 꺼려합니다. 아직도 대한민국은 전쟁 중이라고 생각하는 미군들도 있거든요. 이라크나 아프가니스탄처럼 지금도 크고 작은 전투가 있는 나라라고 생각하고 긴장하고 오는 미군들이 생각보다 많습니다.

그런데 미군이 주둔하고 있는 국가는 많아도 카투사 같은 제도가 존재하는 나라는 대한민국밖에 없습니다. 중동 일부 국가에서 현지인을 통역으로 쓰고는 있지만 카투사와 같은 의무복무 형태는 아닙니다. 사실 카투사는 **SOFA**(Status Of Forces Agreement: 주한미군지위협정) 규정에도 명확히 나와 있지 않습니다. 그럼에도 아직 존재하고 있는 카투사에 관심을 가지고 지원하려는 분들, 그리고 합격한 분들에게 몇 마디 진지한 얘기를 하지 않을 수 없겠네요.

미국이 세계 최강의 군사력을 가진 나라라는 것에는 이론의 여지가 없습니다. 휴전 상태인 남한에 막강 화력을 보유한 미군, 특히 전투부대가 주둔해 있다는 것은 전쟁 억지 측면에서는 분명 유리하다고 생각합니다. 미군의 존재가 우리나라의 국방에 필요한 것은 사실이라는 거죠. 물론 이와 동시에 전세계를 아우르는 미국 군사전략의 일환으로 우리나라가 중요하고도 위험한 위치에 있다는 것은 달갑지 않은 현실임에 분명합니다.

미군 주둔이 우리에게 도움이 되고 필요한 일이지만 안타까운 부분도 있습니다. 정당한 대가를 지불하지 않고 대한민국 땅을 이용하고 있는 점, 그리고 미군 병사들에 의해 불미스러운 사건이 종종 일어나는 점이 그렇습니다. 국가 대 국가로서 한국을 동등한 대상으로 보고 불미스러운 일이 벌어질 때마다 최소한 일본에게 하는 만큼 확실한 사과를 해왔다면 우리가 미국과 미군에 대해 애증을 갖는 일은 없었을 것이라고 생각합니다.

여중생 성폭행 사건에 대해 클린턴 대통령의 사과를 받아낸 일본과 달리, 우리는 우발적인 사고이건 고의적인 사고이건 공식적인 사과 한마디 받아내기도 쉽지 않습니다. 사소한 사건들(교통사고나 택시비를 내지 않고 도망치는 등)에 대해서는 중대장이나 대대장이 나서서 사과하고 배상도 쉽게 해줍니다. 하지만 폭행이나 살인, 성폭행 사건 등의 중대범죄가 잘 해결되지 않고 있다는 것은 대단히 안타까운 일입니다. 어떤 이유로 한국과 미국의 지위가 이렇게 불평등해졌는지는 모르겠으나, 그나마 요즘 들어서는 강력범죄에 대해서 한국에서 재판권을 행사하는 일이 다소 늘어나고 있는 것은 다행입니다.

카투사로 복무해서 보다 나은 미래를 만들고자 하는 이 땅의 젊은이라면 합리적인 사고를 하는 깨어 있는 성인이 되면 좋겠다는 생각을 합니다. 기왕 카투사로 2년을 보낸다면 단순히 영어나 배우겠다 정도에 그치지 말고, 그 안에서 한국에 대한 잘못된 인식을 개선하고 불합리한 대우에는 정당하게 항의하며 조금씩 변화를 만들어 가는 것이 카투사의 의무이자 권리가 아닌가 합니다. 저 역시 카투사로 생활하면서 여러 차례 미군과 설전을 벌였습니다. 얼굴이 벌개지도록 싸우고 항의하고 사과를 받아내고 결국 그들의 인정을 받으면서, 일을 풀어가는 과정도 배우고 자부심도 느낄 수 있었습니다.

　그런 의미에서 영어를 잘하는 것은 중요합니다. 영어가 되어야 그들의 의식을 개선하고 부당한 일에 당당하게 맞서서 의견을 밝힐 수 있을 테니까요.

02

훈련소 마치고 후반기 교육대로

★ 와, 합격이다! 카투사 합격의 순간

★ 이제, 훈련소로 논산훈련소 24시

★ 후반기 교육대에 도착하다 KTA 생활 24시

★ KTA에서 새로운 물품을 지급받다
　　KTA 물품 리스트

★ KTA 생활, 그리고 퇴소식
　　카투사 후반기 교육 이모저모

와, 합격이다!
카투사 합격의 순간

▌합격 이후

다른 지원자들도 그랬겠지만 저도 카투사에 무척 가고 싶었습니다. 무엇보다 입대가 남보다 늦어지다보니 일반 육군으로 가기에는 부담스럽더군요. 스물네 살이었거든요. 어학연수 한번 가본 적 없었지만 통역사를 꿈꾸고 있었던 때라 여러모로 도움이 될 것이라고 생각했습니다. 학창시절 내내 영어 과목을 제일 좋아했지만 영어 실력이 썩 좋은 것은 아니었습니다. 하지만 그렇게 커트라인에 간당간당한 점수로 지원하면서도 합격할 것이라는 근거 없는 확신이 있었습니다.

드디어 시험발표 날, 발표 예정시간보다 20분 정도 먼저 전화를 걸었습니다. 보통 좀 일찍부터 알려주니까요.

"123번, 임희조 님은 합격자 명단에…."

이때가 가장 떨리는 순간이죠. 과연 뭐라고 할까? 붙었을까, 떨어졌을까? 대학합격 발표를 기다리는 심정보다 훨씬 더합니다. 저한테는 그랬습니다. 나이가 많았으니까요.

"123번, 임희조 님은 합격자 명단에 없습니다."

뭐라고? 이게 뭐지? 합격할 거라는 확신이 있었는데! 내가 뭘 잘못 들은 거야? 난 어쩌지, 나이도 많은데. 이제 그냥 육군 가야 하는 건가?

별의별 생각이 다 들었습니다. 전화를 끊고 혼자 조용히 두어 시간 생각을 정리했습니다. 그리고는 포기하고 상황을 받아들이기로 했지요.

'그래, 그냥 육군 가야지 뭐. 좀 힘들겠지만 그것이 지금 내게 주어진 것이라면 역시 받아들여야지.'

이렇게 마음먹고 마지막으로 다시 전화기를 들었습니다. 한번 더 들어나 보려고요. 역시 같은 음성이 나옵니다.

"123번, 임희조 님은 합격자 명단에 있습니다."

뭐, 뭐라고? 이제 합격자 명단에 있답니다. 충격과 절망 속에 보낸 두어 시간이 억울했던 건 잠시, 너무나도 놀랍고 행복한 소식을 안고 기뻐했지요. 대학 합격발표 났을 때와 학원강사로 일하기 시작하면서 시범강의하고 집에서 합격전화를 받았을 때, 그 모든 떨림과 환희보다 훨씬 더 기뻤습니다. 지금 생각하니 녹음이라도 해둘 걸 그랬다는 생각도 듭니다.

그제서야 저는 식구들에게 소식을 전하고 두 달 뒤 입대하게 되었지요. 절 아는 모든 사람들이 정말 기뻐해주었습니다. 굉장히 감사했죠. 당시는 생일 순서로 입대했기 때문에 1월생인 저는 가장 빠른 입대자가 되었습니다.

카투사에 입대해서 2년을 보내고, 이렇게 카투사에 대한 책을 쓰고 있자니 정말 그 시간들은 제게 굉장히 큰 자산이 되었다고 자신 있게 말할 수 있습니다. 여러분들도 카투사에서 저보다 더 멋진 일들을 경험하고 나눌 수 있게 되시기를 바랍니다.

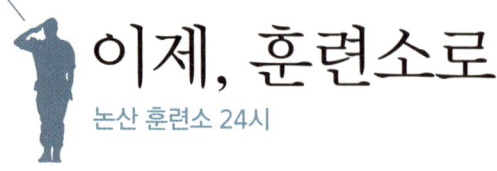

이제, 훈련소로
논산 훈련소 24시

▍기초군사훈련

5주 간의 군사훈련은 육군이라면 공통으로 다 받습니다. 카투사들은 기수별로 한꺼번에 대대에 입소하는데, 보통 일반병과 한 대대에 편성됩니다. 카투사와 일반병은 대부분 잘 지내지만 가끔 싸우는 일이 있습니다. 카투사들 보고 잘난 척 하지 말라고 볼멘소리를 하는 일반병도 있거든요.

　기초군사훈련은 한국군에서 진행하는 것이기 때문에 일반병과 그 훈련 구성이 동일합니다. 그리고 특별히 카투사라고 차별대우하지 않고 공평하게 모두 갈굽니다. 이때 점수제도가 있어서 일 잘하거나 훈련 잘하는 사람에게는 기간병들이 점수를 줍니다. 이 점수는 일주일 단위로 정산해서 점수가 낮은 사람들은 토요일에 보충교육하고, 훈련 마지막 주에는 그 점수를 모아서 포상휴가를 줍니다.

　논산훈련소에서 하는 훈련은 크게 어려운 부분은 없기 때문에 입대 전에 농구 한 게임 풀코트 4쿼터로 할 정도의 체력이면 다 해낼 수 있습니다. 그래도 마지막 훈련인 야간행군은 꽤 힘들었던 것으로 기억합니다.

　카투사도 기초군사훈련은 육군들과 똑같이 받습니다. 진짜 카투사로서의 생활은 의정부에서 시작합니다.

미군 훈련소는 어떨까

여기서 잠깐 미군 훈련소 모습을 들여다볼까요? 미군은 우리와 같은 징병제가 아니고 모병제입니다. 의무적으로 가야 하는게 아니라 원하는 사람을 모집해서 월급을 주고 복무시키는 것이죠. 직업이 군인인 셈입니다. 우리는 훈련소에서 5주 동안 훈련받지만 미군 훈련은 14~62주입니다. 10주 간 기초군사훈련을 받고, 또 10주 간 우리의 후반기 교육에 해당하는 보직별 군사훈련을 별도로 받습니다.

미군들도 신참이 들어오면 군기교육을 시키는데요, 가끔 영화에도 나오듯 18세 어린 신병들이 들어오면 코 앞에서 큰 소리로 겁을 줍니다. 입소하자마자 첫날 식사시간은 30초. 다음날부터는 10분을 주지만, 밥 먹는데 교관은 옆에서 소리를 질러대고 동기들은 식판 들고 자리 나기만 기다리고 있으니 대부분 5분 안에 자리를 뜨지요. 식사는 꽤 잘 나옵니다. 재료는 유기농으로 준비하고, 탄산음료나 튀김요리는 일절 제공하지 않고 체중관리하게 해줍니다.

9시에 취침해서 4시 30분에 기상한 후 5시부터 1시간 동안 엄청나게 힘든 PT(physical training)를 해야 합니다. 내무반에서 30명 정도 인원이 함께 잠을 잔다는 것은 비슷하지만, 우리처럼 평상에 다닥다닥 붙어 자는 것은 아니고, 침대 30개를 나란히 두고 따로 사용합니다.

여기까지, 한국군과 다르기도 하고 비슷하기도 한 미군 훈련소 엿보기였습니다.

후반기 교육대에 도착하다
KTA 생활 24시

▎논산을 떠나 의정부로

논산훈련소 퇴소식이 끝나면, 바로 자대배치 받고 먼저 출발하는 친구들도 있고 배치가 되지 않아서 기다리는 친구들도 있습니다. 일부는 후반기 교육을 그대로 논산훈련소에서 받기도 합니다. 자대의 위치와 보직에 따라 각기 후반기 훈련 장소로 이동하기도 하고, 보직을 명확히 받지 않았다면 논산훈련소에서 퇴소하자마자 바로 자대를 배치받습니다.

모두가 동기로 가득한 논산훈련소를 떠나서 자대로 간다는 것은 상당한 스트레스입니다. 후반기 교육이 길면 길수록 자대에 배치 받고 일병으로 진급하는 시간이 짧아지고, 그만큼 후임이 들어올 기간도 짧아지기 때문에 후반기 교육은 길게 받을수록 좋습니다. 짧으면 2주, 길게 받으면 10주짜리 후반기 교육도 있다고 합니다.

여하간 카투사들은 후반기 교육을 받도록 정해져 있기 때문에 시간이 지나면 의정부에 위치한 KTA에 입소하게 됩니다. KTA는 KATUSA Training Academy의 약자로 '카투사 훈련학교'라고 말할 수 있죠.

논산훈련소 바로 앞에서 TMO라고 알려진 군용기차를 타고 출발합니다. 입대연도와 기수에 따라 아침에 출발하기도 밤에 출발하기도 합니다. 버스를 타고 이동하는 기수도 있습니다. 새벽에 용산에 도착해서 지하철을 타고 의정부역으로 가는 경우도 있습니다. 이때 민간인들에게 피해를 주지 않는다는 명목으로 전철에 탑승해도 좌석에 앉지 않습니다. 대신 메고 온 더플백(Duffle bag: 분명 더플백인데 주로 더블백이라고 부릅니다. 왜 그런지 의문이지만, 여하간 더플백이 맞습니다)을 가운데 통로에 놓고 그 위에 2줄로 앉아서 갑니다. 어떻게 보면 이게 더 민폐 같기도 합니다.

논산에서 기차를 타고 밤에 출발하면 어차피 기차에서 잠을 자게 되니까 식사는 없습니다. 하지만 오전에 출발하면 점심 때 한국군 전투식량이 나옵니다. 먹어보신 분들은 알겠지만 비빔밥인데 꽤 맛있다고들 합니다. 정말 맛있어서 맛있는 건지, 아니면 훈련소 밥이 아닌 고열량 식사(전투식량은 전투에 필요한 것이기 때문에 한끼에 1,000칼로리가 넘는 고열량입니다)라서 그런 건지, 드디어 훈련소를 떠난다는 후련함 때문인지는 모르겠습니다.

드디어 최종목적지인 의정부역에 도착합니다. 도로 왼편 도봉산 쪽으로 미군부대(Camp: 본토에서는 Port라고 부릅니다)가 하나 있습니다. 캠프 잭슨(Camp Jackson). 두 가지 기능을 하는 부대입니다. 첫 번째는 KTA, 즉 카투사 교육대로서의 기능이고 두 번째는 BLC(WLC)라는 미군 부사관(상병 이상) 교육기관의 기능입니다. 모든 카투사들은 기초군사훈련을 받은 후에 이곳 KTA에 와서 3주 간 미군식 라이프스타일을 배웁니다. 기본적인 명령어, 제식, 식사방법, 예절 같은 것들이죠.

의정부에 도착하면 한국인 계급장을 가진 중사가 신병을 인솔합니다. 처음부터 미군들과 생활하면 적응에 문제가 있으니까 한국 측 간부들이 역할을 하는 겁니다. 카투사 복무를 마치고 카투사로 연장복무를 신청해서 카투사 하사관이 된 경우도 있는데, 굉장히 드문 케이스입니다. '편한 미군부대에서 말뚝 박을 수 있으니 괜찮은데?'라고 생각한다면 일찌감치 포기하세요. 지금은 카투사로 말뚝을 박을 수 있는 제도는 폐지되었습니다. 물론 카투사 조교를 보직으로 받은 기간병들은 캠프에 상주하고 있습니다.

캠프 잭슨에 도착하면 시간이 어찌 됐든 상관없이 일단 밥을 줍니다. 3인 1실로 배정받고 방에 들어가면 작은 종이봉투가 세 개 놓여 있습니다. 이게 바로 Jimmy Dean이라고 부르는 첫식사인데요, 맛이 예술입니다. 어찌나 맛있었던지 아직도 기억이 생생합니다. 내용물은 이랬습니다. 식빵 2장으로 만든 샌드위치, 불량식품 맛의 음료수 작은 거 한 개, 미국 사과, 미국 과자. 지난 5주 동안 기름기 쪽 뺀, 먹고 나면 바로 배가 고픈, 그런 식사를 하다가 갑자기 기름진 미국식 식사가 시작되니 진짜로 맛나답니다.

KTA에서 제일 처음 하는 일은 기초 피복류를 지급받는 것입니다. 보급처(Supply Building)에 카트를 끌고 들어가서 쇼핑하듯이 기간병들이 담아주는 걸 받아오면 됩니다. 들어가기 전에 참고하라고 개인 사이즈를 알려주면 보급처 건물에 들어가서 자기 사이즈 말하고 받아오면 됩니다. 빠릿빠릿하지 못하면 역시 그곳 기간병들이 갈구지요. 이어지는 인프로세싱(In-processing). 사전에도 없는 이 단어를 설명드리자면, 기본적인 인적사항 확인이라던가 신체검사 등을 말합니다. 자대에 가면 한번 더 합니다. 이 모든 일을 다 하고 나면 이제 저녁시간이 됩니다.

3인 1실이기 때문에 누가 어떤 침대를 쓸지 정해야 됩니다. 방에는 우리나라 침대보다 약간 높은 형태의 침대가 세 개 놓여 있습니다. 전에는 1층 침대를 올려 2층 침대로 만들어놓기도 했지만, 현재는 안전사고 예방 차원에서 거의 만들지 않습니다.

참고로, 2017년 5월 이후부터는 KTA가 평택 캠프 험프리(Camp Humphrey's)로 이동할 예정입니다.

KTA에서 새로운 물품을 지급받다

KTA 물품 리스트

▎새로운 생활, 새로운 물품

캠프 잭슨으로 오면 첫날 보급처에서 의복과 물품을 지급받는다고 말씀드렸지요. OCP(Operational Camouflage Pattern)라고 부르는 신형군복(2015년부터 미국 본토에서 신병들에게 지급하기 시작), 그 유명한, ARMY라고 쓰여진 PT 유니폼 하복과 동복, 통고무 군화, 모자, PT용 운동화, 휴지와 개인 위생용품, 벨트, 그리고 물품을 모두 집어넣을 더플백입니다. 이걸로 일단 제대할 때까지 버티게 됩니다.

그렇다고 다 떨어질 때까지 입어야 되는 건 아니고, 옷이 해지거나 크기가 안 맞거나 하면 각 부대 안에 있는 물품 가게에서 구매하면 됩니다. 구입할 때는 미군부대인 만큼 달러로 사야 되는데요, 대부분 한국 아저씨, 아주머니들이 일을 하고 계시니까 너무 겁먹지는 마세요. 자대에 배치받고 나서는 MCSS(Military Clothing Sales Store: 의복취급점)에서 필요한 의복이나 물품을 구입할 수 있습니다.

물론 미군들도 여기서 물품을 삽니다. 당연히 자기들 월급으로 물품을 구입하죠. 나라에서 주는데 뭐하러 따로 사는지 궁금할 수도 있는데요, 아무리 지급을 잘 해줘도 따로 필요한 것들이 있게 마련입니다. 미군의

정부지급물품은 점점 좋아지고 있습니다. 미군은 지원병 제도로 운영하기 때문에 최고급으로 지급하지 않으면 지원률이 감소할 수도 있거든요. 그래도 개별 군인들의 필요를 다 채워줄 수는 없기 때문에 일일이 구입해서 사용하는 미군이 많습니다.

카투사들은 한 달에 6~7달러 정도 의복관리용 쿠폰을 지급받습니다. 제대할 때까지 한 번도 구입을 안 하고 차곡차곡 모으면 70~80달러 정도를 모을 수 있습니다.

통고무 군화의 첫 느낌

한국군들은 대체로 군화를 처음 지급받고 고생들을 합니다. 군화 안에 서식하는 여러 미생물들과 땀으로 인해 봉와직염이라는 염증을 앓기 쉽거든요. 훈련소 분위기에 눌려서 발이 아파도 의무실에 안 가고 버티다가는 심하면 썩어서 절단할 수도 있습니다. 또 군화가 굉장히 딱딱하기 때문에 처음 지급받으면 삽으로 패던가 해서 부드럽게 만들어야 겨우 신을 수 있습니다. 하지만 아무리 잘근잘근 패 놓아도 여전히 발뒤꿈치가 쉽게 까지지요.

그런데 논산훈련소를 떠나 캠프 잭슨에 입소해서 미군 군화를 지급받았을 때의 그 감동이란! 통고무로 만들어 부드러운 미군 군화를 신은 느낌은 천국 같았습니다. 물론 아무리 편해도 민간인이 된 요즘 예비군 갈 때 신어보면 불편하기는 합니다.

2000년대 초반까지는 지급품(issue) 외에도 취향이나 목적에 맞는 군화를 사서 신을 수 있었습니다. 그러나 2016년 현재는 NIKE 등 신발 브랜드 제품을 선택할 수 있지만 색깔, 높이, 형태 등에서 규정에 맞는 것만 착용할 수 있습니다. 즉, tan color(황갈색)이어야 하고, 높이는 8~10인치, 지퍼 사용은 불가하지요. 사실 군화값이 비싸다보니 군화에 투자하는 카투사는 많지는 않습니다.

전투복 OCP

미군 군복(전투복)은 2004년부터 착용했던 ACU(Army Combat Uniform)가 2015년 7월부터는 OCP(Operational Camouflage Pattern)로 바뀌었습니다. 이것은 아프가니스탄에 파병된 미군들에게 지급했던 멀티캠(Multicam)을 개량한 것인데, 카투사 신병들도 2015년부터 KTA에서 OCP를 4벌씩 지급받고 있습니다.

▲ ACU(좌)와 OCP(우)

기존 ACU를 지급받은 사람은 2019년 전까지는 계속 착용해도 됩니다. 따라서 2016년 현재 미군부대에서 복무하는 미군과 카투사 중 새로 배치받는 인원은 신형 군복인 OCP를 입고 있고, 기존 인원들은 여전히 ACU를 입고 있습니다. 고위 장교나 부사관이라면 모범을 보여야 하기 때문에 OCP를 구매해서 입는 경우가 많습니다. 부대에 따라 여름 군복으로 반팔이 지급되는 경우도 있지만, 정복(ASU: Army Service Uniform)이나 근무복이 아닌 이상 전투복은 다 긴 팔입니다. 기본 지급물품은 OCP지만 근무복으로 다른 군복을 받을 수도 있습니다.

▍PT 유니폼

여러분도 많이 보셨을 ARMY라고 써 있는 회색 티셔츠가 바로 미군의 PT 유니폼(APFU: Army Physical Fitness Uniform)입니다. 미군이나 카투사 출신이 아닌 사람들도 많이 입고 다니지만, 이게 사실 미군의 체육복입니다. 왜 남의 나라 군대 체육복을 밖에서 입고 다니는 건지 좀 의문스럽긴 합니다. 물론 군 지급품과 사회에서 입고 다니는 것은 소재에서 차이가 있습니다. 사실 저도 제대한 지 꽤 지났는데도 아직 ARMY 티셔츠를 집에서 입고 있습니다. 편하거든요.

여름용 PT 유니폼은 반팔 ARMY 티셔츠에 반바지입니다. 겨울용은 여름용 PT복 위에 V자 무늬가 들어있는 점퍼를 입고 바지만 긴 것으로 바뀝니다. 겨울에는 보온을 위해 털모자와 장갑도 착용합니다.

PT 유니폼은 2000년까지 여름용은 위아래 모두 회색, 겨울용은 위아래 동일한 베이지 색상의 부드러운 면 소재였습니다. 그러나 2000년부터 여름용은 상의는 회색 면 소재, 하의는 검은색 나일론 소재로 바뀌었고, 겨울용은 상의는 회색, 하의는 검정색 나일론 소재가 되었죠. 2014년 10월에 상하의 모두 여름용·겨울용 공통으로 검은색이고 가슴에는 V자형 무늬와 ARMY라는 글자가 금색으로 들어간 형태로 바뀌었습니다. 2016년 현재 혼용 중인데요, 2017년 10월부터는 모두 같은 PT 유니폼을 입어야 합니다.

야상과 고어텍스

미군들도 야상(field jacket)을 지급받지만 잘 입지 않습니다. 대신 고어텍스(Goretex)를 주로 입지요. 방수와 방풍 기능을 어느 정도 갖추고 있다는 점이 고어텍스의 장점입니다. 그러나 말 그대로 '어느 정도의' 방수 기능만 있습니다. 이슬비가 내릴 때 고어텍스를 입고 2시간 정도 야외훈련 나갔는데 속옷까지 젖더군요. 게다가 고어텍스는 야상만큼 따뜻하지는 않습니다. 미군 야상은 한국군 야상(최전방 야상 제외)보다 두껍고 따뜻합니다. 이렇게 보면 고어텍스가 야상보다 나은 점이 없지만, 미군들은 얄팍한 것을 선호하는 것 같습니다.

그런데 이 고어텍스가 좀 비쌉니다. 상의만 150달러가 넘으니 지급 의류 중에서는 가장 비싸지요. 그래서인지 분실과 도난이 잦은 편입니다. 미군 고어텍스는 남대문 지하시장에서 15~20만원 선에서 판매되고 있답니다. 아쉽지만 고어텍스와 야상은 제대 전에 반납해야 합니다.

앞서도 언급했듯이 카투사에게는 한 달에 몇 달러씩 의복관리 쿠폰이 지급됩니다. 이걸 모아두었다가 제대하고 입겠다고 PT 유니폼이나 고어텍스를 사는 병사도 있습니다. 하지만 의복관리비를 한푼도 쓰지 않고 모아두기는 불가능에 가깝습니다. 전부 모아놓는다 하더라도 고어텍스 가격에 약간 못 미치고요.

앞서도 말씀드렸듯이 미군 지급물품(GI: Government Issue)은 성능이 개선되고 있기 때문에, 고어텍스도 모양도 바뀌고 성능도 점점 좋아지고 있습니다. 첨단기능을 가장 먼저 적용하는 분야가 전투와 군사 부문이거든요. 최근 BDU가 디지털 군복(ACU)으로 바뀌고, OCP가 보급되면서 고어텍스도 한층 더 좋아졌습니다. 아무리 그래도 완벽방수는 불가능합니다. 공기와 땀을 배출해야 하는 특성상 고어텍스는 잠깐 물이 묻었거나 눈이 내려앉았을 때 털어낼 정도의 방수만 된다고 보면 됩니다.

▍모자

카투사 후반기 교육을 마치고 자대배치를 받기 위해 이동할 때 잠시 들르는 부대들이 있습니다. 이곳에서 일부 물품을 구매할 수도 있고, 지역(Area)별로 하나씩 있는 CIF(Central Issue Facility)에서 필요물품을 지급하는 역할도 겸하고 있습니다. CIF에서 받은 물품은 제대할 때 대부분 반납한다고 생각하시면 됩니다. 자대에 배치받은 후에는 MCSS(의복취급점)나 Military Clothing이라고 부르는 곳에서 추가로 구매할 수 있습니다. 저도 캠프 잭슨에서 지급받은 모자 치수가 안 맞아서 자대 와서 다시 구매했습니다.

군모(patrol cap)는 사이즈가 세분화되어 있습니다. 2004년에 ACU로 군복이 바뀌고, 2015년부터 OCP로 보급되고 있지만 군모 디자인은 모두 큰 차이 없이 비슷합니다. 패트롤 캡 뒷면에 벨크로(소위 찍찍이)로 자기 이름을 부착합니다. 사이즈는 52~65까지 있고, 반 사이즈까지 나뉘어 있습니다. KTA에서 총 2개의 패트롤 캡과 1개의 베레모(beret)를 지급받고, 원한다면 자대배치 후에 추가로 구매할 수 있습니다. 베레모는 근무에 부적합하다는 불만이 제기되어 2011년 6월부터는 근무 시 패트롤 캡만 착용하는 것으로 규정이 바뀌었습니다. 하지만 대대장이나 중대장이 바뀌

▲ BDM

ACU

OCP

베레모

는 등의 행사에는 대체로 베레모를 착용하지요. 미군 내에서는 Ranger, Special Forces 등 특수부대에서 여전히 ACU를 입을 때 착용하곤 합니다.

▍ 운동화

운동화는 입대하는 기수별로 지급 물품이 달라집니다. 제가 입대할 때는 앞뒤로 몇 해 정도 스펙스를 받았습니다. 프로스펙스가 아닙니다. 스펙스. 짝퉁이 아니라 프로스펙스에서 나오는 저가제품입니다. 2016년 현재는 프로스펙스를 지급하고 있습니다. 자대배치를 받으면 6개월에 1회씩 추가로 지급합니다. KTA에서 처음 지급하고요. 운동화는 일과 후에나 PT할 때 신고 나가면 좋습니다. 물론 PT 때 이것만 신어야 하는 것은 아닙니다.

▍ 기타 물품

비누, 샴푸, 세제, 칫솔, 치약, 면도기, 면도날, 구두솔, 휴지 같은 잡다한 물품도 지급품에 포함됩니다. 6개월 간격으로 보충 지급해주기 때문에 다 쓰기가 어려울 정도입니다. 그래서 틈틈이 집에 가지고 나가서 주고 오고는 하지요. 결코 질 떨어지는 물건은 주지 않습니다. 미국의 일반 마트나 한국에서 판매하고 있는 물건이라 집에서 사용하기에 전혀 문제가 없습니다.

KTA 생활, 그리고 퇴소식
카투사 후반기 교육 이모저모

▎첫 영어 시험이 중요하다

카투사는 매월 1개 기수가 배출됩니다. 1개 기수는 보통 160~200명으로 구성이 되는데, KTA에 도착하면 대체로 3개 소대로 나눠서 관리합니다. KTA 교육은 당연히 미군이 관리감독을 합니다. KTA를 받게 되는 캠프 잭슨은 우리 입장에서는 카투사 후반기 교육을 받는 곳이지만, 이곳은 원래 미군들도 와서 교육을 받는 미군부대입니다. 타 미군부대보다 카투사의 비율이 압도적으로 높을 뿐이지요.

미군이 교육을 담당하지만, 각 3개 소대 인솔책임은 카투사 기간병들이 맡습니다. 집합과 안내, 인솔, 추가훈련 등을 카투사 중 KTA 교관 보직을 받은 기간병들이 맡아서 하지요. 따라서 KTA에는 카투사 기간병들이 대단히 적습니다. 하사관 한두 명에 소대 담당 기간병과 PX병 정도가 있지요. 제가 KTA에 갔을 때는 카투사 출신 하사관이 있었습니다. 카투사로 입대해서 카투사로 말뚝을 박은 셈이니 직업군인 중에는 단연 최고죠. 앞에서도 언급했지만 아쉽게도 지금은 뽑지 않습니다.

미군에서는 하사관을 NCO(Non-Commissioned Officer), 직역하면 '임관하지 않은 장교'라고 부릅니다. 한 소대에 3명의 NCO를 붙이는데, 카투사 한 명과 한국군 중사 한 명, 그리고 미군 하사관 한 명이 함께 소대를 담당

합니다.

후반기 교육대는 3주 과정입니다. 기수를 3개 소대로 나누어 일주일씩 순환 훈련을 합니다. 군사 지식과 구급법 → 영어교육(제식용어, 회화) → 총기 관련, 이런 순서입니다. 대단한 군사 지식을 배우는 것이 아니라 자대에 가서 원활하게 적응하도록 돕는 시간이라고 보면 됩니다.

여기서 가장 중요한 것은, 3주 동안 영어 시험을 두 번 보게 된다는 점입니다. 입대 시 제출한 토익 점수와 KTA에서 두 번 치른 영어 시험 점수를 합산해서 퇴소 시에 보직이 결정됩니다. 실제로는 '토익 점수 + KTA 1차 영어 시험'으로 모든 것이 결정되는데요, 사실 두 번째 영어 시험을 보게 될 KTA 3주 동안 영어 실력이 월등히 향상될 가능성은 없기 때문입니다. 그러니 합격이 결정된 직후부터 영어공부를 열심히 해두어야 합니다. 동일한 점수대 동기들보다 첫 번째 시험 점수가 잘 나와야 유리하거든요. 영어 시험에는 커트라인이 있습니다. 원칙적으로 커트라인을 통과하지 못하면 재시험을 보아야 하고 유급될 수도 있습니다. 커트라인을 넘지 못하면 여러분이 기대하던 '편한' 카투사 생활과는 영 딴판인 곳으로 배치받게 됩니다.

퇴소식

3주 간의 훈련을 마치면 드디어 퇴소식을 합니다. 캠프 잭슨에서는 KTA 퇴소식 때 부모님, 가족, 여자친구를 초대해서 얼굴을 볼 수 있게 해줍니다. 뒤에 앉아서 퇴소식 행사를 참관하고, 퇴소식이 끝나면 잠시 함께 시간을 보내게 해줍니다.

카투사는 100일 휴가가 없는 대신 자대배치 받고 Area 별로 배치받은 카투사 신병(미군 측에서 보통 baby KATUSA라고 부르죠)을 따로 모아서 3주 간 한국군 지원단 측에서 적응훈련을 시키는데, 그 3주가 끝나면 주말을 집에서 보낼 수 있도록 외박을 허락해 줍니다. 그래서 굳이 이렇게 초대까지할 필요가 있나 싶기도 하지요. 미군 측에서는 "걱정하지 말아라, 우리는 이렇게 놀라운 시설을 갖추고 있으니 믿고 가라. 우리는 당신들의 영원한 우방이다. 우린 세계 최강의 미군이며 최고의 설비로 댁의 아들들을 잘 데리고 있다 보내주겠다"는 것을 보여주고 싶은 것이 아닌가 합니다.

이렇게 행사가 끝나면 함께 식사를 합니다. 미군부대 최고의 메뉴를 자랑하는 KTA인 만큼 음식이 굉장히 훌륭합니다. 식사 후에는 부모님들도 모두 안심하고 집에 돌아가시죠. 스테이크와 기타 여러 메뉴, 탄산음료, 주스, 물, 우유 등 다양한 음료, 각종 케이크 등 후식을 모두 드시고 나면 안심하는 단계를 넘어서 기쁨에 찬 모습으로 발걸음도 가볍게 집으로 가십니다.

| 갔다왔어요 | 캠프 잭슨의 명물, The Best Mess

캠프 잭슨은 카투사가 미군과 생활하기 위한 기본적인 매너를 배우는 곳입니다. 아침에 일어나서 집합하는 것부터 저녁에 자기 전에 하는 점호까지 모든 것을 배우죠.

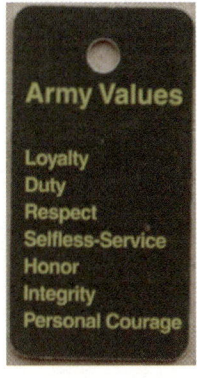

캠프 잭슨 안에 있는 계단에는 다음과 같은 7개 덕목(Army Values)이 쓰여 있습니다. Loyalty(충성심), Duty(책임감), Respect(존경심), Selfless-Service(헌신), Honor(명예), Integrity(진실성), Personal Courage(용기). KTA 여기저기에도 이 문구가 적혀 있습니다. 미군에서 중요시하는 덕목이라 미군들은 모두 외우고 있지만, 카투사들은 KTA 퇴소하자마자 까먹습니다.

캠프 잭슨에서 가장 자랑할 만한 것은 바로 식당입니다. The Best Mess라고 이름 붙은 이곳은 7시부터 열리는데, 식당으로 이동할 때는 항상 소대 단위로 중대가 모여서 이동합니다. 정문 바로 앞에 있는 막사(barracks) 앞 공간에 집합해서 인솔자의 구령에 맞추어 식당까지 이동하지요. 식당까지 가는 길에도 짬짬이 교육이 이루어집니다. 미군식 구령이라던가 군가(cadence)를 알려주지요.

식당에 도착해서 각 소대가 들어가는 순서는 매번 다릅니다. 중대 인솔자가 맘대로 정하기도 하고, 지난 순서의 역순으로 들어가기도 합니다. 한 소대가 들어가면 식당으로 이어진 대기줄이 줄어들 때까지 다른 소대들은 그 앞에서 대열을 유지하면서 열중 쉬어 자세로 대기합니다. 밥 먹기 힘들죠.

어딜 가든 미군 식당의 배식은 두 줄입니다. 메인(Main Dish: Long Order)은 으깬 감자, 삶은 닭, 생선 등이고 스낵(Snacks: Short Order)은 피자, 프라이드 치킨, 감자칩, 햄버거 등이 있습니다. 마음껏 먹을 수는 있지만 KTA는 단순한 부대가 아니라 엄연히 후반기 교육대입니다. 따라서 식당에서도 지켜야 할 규칙이 있습니다.

일단 메인 오더(Main Order)와 숏 오더(Short Order) 중에 하나를 골라 한번 줄을 서면 다시 줄을 바꿀 수 없습니다. 놀러온 곳이 아니고 훈련부대니까요. 마음이 바뀌어도 다음 식사를 기약해야 합니다. 또 개인별로 컵을 2개씩 받아서 입장하는데 그 컵에 탄산음료만 채워서는 안 됩니다. 무조건 한 컵에는 물을 담아야 합니다. 논산훈련소에서 아주 건강한 식사만 하다가 KTA에서 탄산 같은 자극적인 음료와 온갖 기름진 음식에 노출되면 빠져들지 않을 수 없거든요. 그래도 탄산음료 한 컵이 어딥니까?

음식에는 메인이나 스낵만 있는 것이 아니라 채식주의자를 위한 라인을 따로 두는 경우도 있습니다. 그리고 그 외에도 각종 디저트(케이크, 과일, 아이스크림)라던가, 음료수, 샐러드, 시리얼까지 다양하게 먹을 수가 있습니다. 다만 배부르게 먹어도 크게 무리 없는 한국 음식과는 다르게 칼로리가 엄청난 음식들이니 배부르게 먹었다간 살이 많이 찔 겁니다.

   그런데 살이 좀 찐다 해도 놓칠 수 없는 메뉴가 하나 있었습니다. 얼마 전까지 캠프 잭슨에서는 따로 잭슨 버거라고 불릴 정도로 맛 좋은 햄버거를 제공했습니다. 카투사들이 모두 맛있다고 동의하는 햄버거죠. 요즘 수제 햄버거가 유행이지만, 그와 비교도 안 되게 맛있습니다. 그 자리에서 바로 구워주고 크기도 크고 기름도 좔좔 흐르는 잭슨 버거. 안타깝게도 최근엔 없어졌다고 하네요. 하지만 다른 맛있는 메뉴가 많으니 실망은 안 하셔도 됩니다.

|알아두기| 입대 전에 이것만은 하고 가자

대한민국 남자라면 당연히 해야 할 군복무. 이 군복무를 카투사에서 하게 되었다는 것은 꽤나 큰 축복입니다. 그렇지만 그 축복에 겨워서 입대할 때까지 흥청망청 놀다가 논산훈련소에 입대하게 되면 크게 후회하게 됩니다.

물론 당장은 잘 모릅니다. 그러나 자대배치받고 어떤 보직을 받게 될지, 영어 실력이 얼마나 향상될지, NCO가 되었을 때 직무를 제대로 수행하고 인정받을 수 있을지, 그리고 취직해서 승진에 유리한 발판을 얻을 수 있을지, 이 모든 것이 카투사 합격과 입대 사이 몇 개월을 어떻게 보냈느냐에 지대한 영향을 받게 됩니다.

대다수의 카투사 합격자들은 이러한 사실을 잘 인식하지 못하고 입대합니다. 그러다보니 입대 시 토익 점수가 군복무 기간, 제대 후 취직, 그리고 취직 후 승진에까지 그대로 이어져 영향을 미치게 되죠. 인생역전까지는 아니더라도 의미 있는 군생활을 마치고, 더 나아가 동기들보다 조금이라도 앞서고 싶다면 이 몇 달을 대단히 알차게 보내야 합니다.

그래서 저는 입대 전까지 이것만은 꼭 확실히 하고 가라고 얘기하고 싶습니다. 그것은 바로 영어공부와 체력 단련입니다.

먼저, 카투사 합격과 동시에 영어 학원에 등록하세요. 먼저 회화 학원이나 토익 학원을 다니길 권합니다.

　쉬운 단계 말고, 가급적 회화라면 중고급 과정, 토익 학원이라면 역시 중고급반을 택해서 최소한 3개월 이상 수강하세요. 그때 단문 회화 실력이나 토익 점수 향상에 목숨 걸지 말고, 학원에서 배우는 3단어 이상으로 구성된 표현(동사구나 콜로케이션 같은 것)이나 구문 학습에 중점을 두면 좋습니다.

　우리가 영어회화가 안 되는 것은 어휘가 부족해서가 아닙니다. 낱 단어 대신 '덩어리 표현'을 많이 알아두어야 실제 사용할 때 유용합니다. 교포나 유학생 출신이 아닌 이상 카투사 입대자 대부분은 낱 단어를 늘어놓는 수준으로 얘기하기 때문에, 입대 후 이런 덩어리 표현을 쓰면 남들보다 당연히 두각을 드러낼 것이고, 미군들은 당연히 여러분의 영어를 인정하고 칭찬하게 됩니다.

　토익 학원을 다니라는 것은 좀 다른 이유가 있습니다. 카투사 제대하면 바로 토익 학원 실전반을 1~2개월 다니고 바로 토익 시험을 보는 것이 좋은데요, 막 제대한 시점은 듣기 실력이 최고조에 달해 있을 때거든요. 그렇다면 굳이 입대 전에 토익 공부를 할 필요가 있나 싶을 겁니다. 그런데 카투사 생활을 해도 LC 점수는 올라가도 RC 점수는 잘 늘지 않습니다. 그래서 RC를 빨리 향상시키기 위해서는 입대 직전에 학원 다녀서 필수표현을 익혀두세요. 카투사 생활하면서 실제로 써먹다가 제대하자마자 좋은 학원에서 다시 RC 공부를 한 다음에 토익 시험을 보면 최소한 930점은 나올 겁니다.

또 하나 권하고 싶은 것은 청취 학원을 다니라는 겁니다. 카투사 이병들이 처음에 가장 힘들어하는 것은 영어로 말을 못하는 것이 아니라 못 알아듣는 것입니다. 먼저 들어야 말이 입으로 나오는 법이죠. 그래서 청취 학원을 다니면서 미리 영어 듣기에 익숙해지면 좋습니다. 물론 듣기 공부는 보통 미국식 발음으로 깔끔하고 분명하게 녹음한 것을 듣고 하기 때문에 막상 자대배치를 받고 미군들과 대화하려면 한계는 있습니다. 미군들이 모두 교육을 잘 받은 백인들(WASP: White Anglo-Saxon Protestant 앵글로 색슨계 백인 기독교인)은 아니거든요. 흑인, 백인, 아시아계, 중동계, 남미계 등 정말 다양하게 섞여 있습니다. 그래서 미국, 영국, 호주뿐 아니라 필리핀, 인도, 중동, 남미 계통의 영어를 구사하는 사람들과 만나서 대화를 하려니 초반 2~3개월은 알아듣기가 어렵습니다. 그러므로 청취 공부를 하고 가는 것이 안 하는 것보다 훨씬 적응하기 쉽습니다.

그리고 마지막으로, 이 부분이 상당히 중요한데요, 운동을 체계적으로 열심히 해두세요. 한국군으로 입대해도 체력 준비를 하고 들어가는 것이 당연히 좋습니다. 그런데 왜 유독 카투사 입대 전에 운동을 강조하냐면, 미군들의 체력을 따라가기가 쉽지 않기 때문입니다.

살이 좀 붙어있다면 운동을 2~3개월 하면서 좀 빼고, 근력강화 하고, 달리기 연습 많이 하면 입대 후에 훨씬 수월합니다. 미리 준비하고 입대하면 역시 카투사 선임과 미군들에게 이쁨 받게 되지요.

체력이 부족해서 자대배치 받고 처음 하는 PT 테스트에 떨어지면 근무가 없는 날이 있어도 부대 밖으로 나가지 못합니다. 이 정도는 감수할 만하지만, KTA 기간에 떨어지면 심각한 일이 벌어질 수 있습니다.

KTA 기간에 PT 테스트를 모두 세 차례 실시합니다. 세 번의 기회를 통해서 성장할 기회를 주는 것인데, 세 차례 PT에서 떨어지면 유급(hold-over)을 당합니다. 유급이 뭐냐고요? 동기들이 모두 KTA에서 퇴소해서 자대로 배치받을 때, 혼자 남아 다음 기수 훈련에서 기간병을 도와 이런저런 일을 하다가 다시 테스트를 받는 겁니다. 게다가 최악의 경우에는 입대는 카투사로 했으나 한국군으로 복무하게 될 수도 있습니다. 유급되면 KTA에 한 기수 더 남겨서 다시 PT 테스트 통과할 기회를 주는데, 여기서 또 떨어지면 한국군으로 보내지는 것이죠. 그러나 2014년 이후로 KTA의 PT 테스트 기준은 다소 완화되었다고 하니 너무 걱정하지는 마세요.

|알아두기| 제식용어 총정리

보통 입대하기 전에 알고 있는 제식용어라면 attention(차렷), bow(경례) 정도가 아닐까 싶습니다. 그래서 군대에서 쓰는 용어를 미리 알고 가면 꽤 유용합니다. 입대 때문이 아니더라도 상식으로 알아두면 좋겠지요. 미국 드라마를 볼 때도 도움이 많이 됩니다.

그런데 한 가지 주의할 것은, 군대용어는 글로 배우는 것이 중요한 것이 아니라는 점입니다. 군대에서 사용하는 제식용어는 일상에서 쓰는 발음과 조금 다릅니다. 우리나라에서도 군대의 각종 경례구호는 특이하게 말하죠.

예를 들어서 대한민국 육군 구호 중 가장 흔한 "충성!"은 훈련소 조교들이나 상병 정도 되면 "후~웅 허~엉", "단결"은 "하~안 여~얼"처럼 말합니다. 영어의 제식용어도 비슷합니다. 단어에 강세가 어디 있든 뒤쪽에 강세를 주어서 읽습니다. 그래서 처음 들으면 무슨 말인지 알아 듣기 어렵죠. 저도 "아도 레"라는 말을 듣고 어리둥절했는데 알고 보니 To the Left!(왼발!)였습니다.

오른쪽에 알아두면 좋은 제식용어를 모아봤습니다.

제식훈련 (Drill & Ceremony)

집합/모여	Fall in!
해산/헤쳐	Fall out!
차렷	Attention! [테-엔 허-언]
열중 쉬어	Parade rest! [퍼헤-이드 헤-스트]
쉬어	At ease! / Carry on!
편히 쉬어	Stand at ease!
경례/거총	Present arms! [프리젠- 하-암]
바로/세워총	Order arms! [오- 하-암]
왼발, 왼발, 왼발	Left, left, to the left! [레, 레, 아도 레]
우로 나란히	Dress right, dress!
바로	Ready, front!
좁은 간격 우로 나란히	Close interval, dress right!
바로	Ready, front!
정식 간격으로 벌려	Intervals, march!
양팔 간격 좌우로 나란히	Extend to the left, march!
우향 우	Right, face! [라이- 헤이스]

▶ f 발음을 잘 안 합니다.

좌향 좌	Left face!
뒤로 돌아	About face!
앞으로 가	Forward, march! / Quick time, march!
뒤로 돌아 가	To the rear, march!
뛰어 가 / 빠른 걸음으로 가	Double time, march!
반걸음으로 가	Half step, march!
우로 걸어 가	Column right, march!
좌로 걸어 가	Column left, march!
우측 열부터 앞으로 가	Column right, from the right, march!
좌측 열부터 앞으로 가	Column left, from the left, march! [칼럼 레, 프럼 더 레, 마-하치]
제자리 걸어 가	Mark time, march!

제자리에 서	(Company, Platoon, Squad) Halt!
해산	Dismissed!

기본 용어

육군	Army
군단	Corps
사단	Division
여단	Brigade
연대	Regiment
대대	Battalion
중대	Company
소대	Platoon [퍼툰]
분대	Squad

기타

포대	Battery
파견대	Detachment / Line platoon (파견소대)
보병	Infantry
훈련소	Training camp
호송	Convoy
사격	Fire
사격중지	Cease fire
엄호사격	Covering fire
알았다(무전)	Roger / Copy that.
정찰	Recon (Reconnaissance)

03

드디어
자대배치 받다

★ 자대가 눈앞이다 캠프 모빌에서의 인프로세싱

★ 용투사냐 평투사냐 카투사 근무지

★ 좋은 보직과 영어 실력의 상관관계
　미군 보직 알아보기

★ 군인 잡는 군인, 헌병 보직을 받다
　헌병 생활 이모저모

자대가 눈앞이다
캠프 모빌에서의 인프로세싱

▍캠프 잭슨을 떠나 캠프 모빌로

캠프 잭슨에서는 영어 시험을 봅니다. 입대할 때의 토익 점수와 후반기 교육에서 보는 영어 시험 결과를 토대로 전투병과 지원자를 제외하고 보직을 나누죠. 조금 과장하자면, 영어 성적이 좋고 PT 점수까지 좋으면 용산이나 평택 등 후방부대로 배치를 받게 되고, 그렇지 않으면 전투병 지원을 하지 않아도 Area 1에 해당하는 의정부/동두천 등의 미2사단으로 가게 됩니다. 물론 미2사단 중에서도 편한 보직은 있습니다.

캠프 잭슨을 퇴소하자마자 이동하는 곳이 동두천에 위치한 캠프 케이시(Camp Casey) 건너편에 있는 캠프 모빌(Camp Mobile)입니다. 2008년에 폐쇄된 이후에 현재는 일부 미군들이 훈련용으로만 쓰고 있고, 2016년에 한국으로 반환될 예정입니다. 제가 다닐 때에는 사단으로 새롭게 전출오는 병력을 잠시 대기시키는 곳이었는데, 동시에 생활에서 필요한 케블러(Kevlar: 헬멧이지만 소재 이름을 따서 보통 케블러라고 부릅니다)나 마스크(방독면) 등을 지급하는 CIF(Central Issue Facility)가 위치한 곳이기도 했습니다.

미2사단 캠프라면 어느 곳에 가던지 제일 먼저 눈에 들어오는 것이 정문에 적혀 있는 2nd to none division이라는 문구입니다. "그 누구와 겨루어도 2등이 아니다, 그 누구보다도 낫다" 즉, "우리가 최고다"라는 뜻이지요. 한국 내 유일한 전투병력인 2사단은 미군 전체에서 화력으로 따지면 3위 안에 듭니다. 미 2사단은 2ID(2nd Infantry Division)로 표기하는데, Infantry Division은 보병사단이라는 의미입니다. 이라크 전쟁이 발발했을 때도 2사단의 보병대대와 통신대대, 화학대대가 파병되었을 정도로 막강사단이지요. 현재 한반도에서 전쟁억지력을 보여주는 것은 2사단의 힘이라고 말해도 무리가 없을 정도입니다.

그러나 캠프 모빌에서의 인프로세싱은 그야말로 최악이었습니다. 캠프 잭슨의 식사를 호텔 식사라고 한다면 캠프 모빌의 식사는 제가 만든 음식 같다고나 할까요. 20개 가까운 미군부대를 돌아다니면서 여러 식당을 다녀봤지만 여기가 최악이었습니다. 전체적인 분위기가 비 오기 전날 같고 재미라고는 없는 이상한 곳입니다. 그리고 모든 인프로세싱을 카투사들이 하기 때문에 분위기도 고압적이죠.

그곳에서 7일 정도 대기했는데, 모빌에서는 그다지 재미있는 일도 없었고 그렇게 기억나는 것도 없었습니다. 다만 한국 카투사만 모아놓은 유닛은 분위기가 엄했다는 것과 미군과 방을 같이 쓰는 카투사의 방을 처음 구경했다는 것, 그리고 카투사의 방이나 미군의 방이나 별반 차이 없이 더러웠다는 것 정도가 생각나네요.

명진버스 타고 자대로 이동하다

마지막 날에 배치받을 자대의 각 유닛에서 인솔자가 옵니다. 보통 SK(Senior Katusa, 시카)라고 부르는 카투사 병장(선임병장)이 오지요. 각 유닛에서 보직을 받고 일하다가도 SK가 되면 행정병처럼 일을 하게 되는데,

이들이 각 유닛에서 카투사 업무를 담당하는 최고참입니다. 2사단에 배치받을 동기들 수십 명이 2사단 여기 저기로 흩어져야 하는 것이니까 SK도 여러 명이 옵니다. 저도 떨리는 마음으로 처음 본 헌병대 SK를 따라서 캠프 모빌을 나와 철길을 건너고 횡단보도 2개를 건너 캠프 케이시 입구에 도착했습니다. 그곳에서부터 갈굼을 받았습니다. 저 같은 경우는 헌병이니까 입구에서 ID 검사하는 카투사 헌병들이 제 중대 고참이었던 것입니다. 미군과 카투사 헌병이 한 팀을 이루어서 ID 체크를 하고 있지만 카투사들은 미군들이 못 알아듣게 적당히 갈궈줍니다.

"인사 안 하냐? 똑바로 걸어라. 여기가 어딘지 알아? 넌 죽었어, 이제. 고생해라. 웃냐? 군기가 빠졌구만" 등등. 그런데 워낙 긴장해서 갈궈도 잘 알아듣지도 못합니다. 자대배치를 받는 그 순간의 긴장은 한국군 신병 경험을 해본 예비역이라면 모두 알 겁니다. 2016년 현재에는 전국 미군부대 게이트 보초를 무장한 한국 아저씨들이 담당하고 있습니다.

그렇게 중대에 와서 다시 인프로세싱을 하고 그 유명한 미군부대 내의 운송수단 명진버스를 타고 의정부에 있는 씨알씨(Cp Red Cloud)를 거쳐 제가 있을 부대인 캠프 스탠리(Cp Stanley)에 도착했습니다. 중대가 있는 캠프 케이시는 동두천에 있고 제가 갈 캠프 스탠리는 의정부에 있는데, 이렇게 미군부대 간을 연결하는 버스가 명진버스입니다. 이 버스는 잘만 이용하면 동두천에서 최후방 부산까지도 갈 수 있습니다.

용투사냐 평투사냐
카투사 근무지

▌ 카투사는 다 용산에서 근무한다?

카투사가 한국군에 비해 편한 것은 사실이지만, 그 중에서도 전방 카투사들은 늘 용산 카투사(용투사라고들 부릅니다) 및 후방 카투사(그 중에서 평택 카투사를 평투사라고 부르죠)들과 비교합니다.

앞에서도 말했지만 전투병으로 지원하지 않은 한 영어 성적과 PT 성적이 우수하면 원하는 보직을 받을 가능성이 높고, 그렇지 않으면 전혀 생각지도 못한 보직을 받게 됩니다. 성적이 좋으면 용산행이고, 아니면 2사단 보병이나 포병 직행입니다. 하지만 전투병으로 배치받는 비율은 20~30% 정도라고 보셔도 됩니다. 전투부대에는 전투병만 있는 것이 아니라 여러 보직이 섞여 있으니까요. 대신 전투부대로 배치받으면 보직에 관계없이 전투병과 동일한 훈련을 하게 됩니다. 물론 2사단 중에서도 편한 보직은 있습니다.

중대나 대대는 분명히 용산, 평택 등 후방이지만, 파견 형식으로 최전방에 배치받는 카투사들도 있습니다. 평균비율로 따지면 용산에 배치되는 카투사가 3분의 1, 동두천이나 의정부가 또 3분의 1, 나머지는 평택이나 대구 등 후방에 분산 배치를 받습니다. 따라서 카투사라고 전부 용산에 있는 게 아닙니다. 운 좋게 용산에서 근무하게 되면 근무 환경도 좋고 서울과도 가까워, 타 지역 카투사들은 용산 카투사들을 부러워하죠.

대부분의 카투사들은 1개 부대에서만 복무하지만 저는 MP, 즉 헌병이라는 보직의 특성과 개별 임무(assignment)로 인해 20개 가까운 부대를 돌아다녔습니다. 물론 제가 다닌 부대가 미군부대 전체는 아닙니다. 미군부대의 숫자가 모두 몇 개고 어디에 위치해 있는지 정확히 밝히기 어렵지만, 여하간 카투사들은 용산뿐 아니라 남한 전체에 퍼져 있는 미군부대에 배치 받게 됩니다. 참고로 말씀드리면 카투사가 없는 미군부대도 있습니다.

근무지에 따라 휴가도 제각각

카투사 입대원의 절반 정도는 한국군에 비해 상당히 편한 군생활을 합니다. 꽤 많은 자유시간과 오프(off: 비번), 휴일을 누릴 수 있지요. 한국 휴일, 미국 휴일, 주말, 모두 쉽니다. 훈련도 많지 않습니다. 하지만 의정부 위쪽 전방부대로 배치를 받거나, 후방부대라도 전투부대로 배치를 받는다면 그다지 편하지는 않습니다. 그리고 최악(?)의 경우 MP로, 그것도 하필이면 전투부대 MP로 배치를 받게 된다면 주말에는 오프가 보장되지 않고요, 훈련은 전투부대보다 많이 나갑니다. 전투부대 MP보다 용산 MP가 상대적으로 편하지만, 그래도 MP들은 대체로 다른 보직보다 힘든 편입니다.

정치, 군사적인 여러 가지 이유로 2017년까지 전방과 용산에 있는 미군부대를 평택 등지의 후방부대로 이동할 계획이라고 하는데, 한강 이남으로 옮겨가게 된다면 후방부대도 전투부대와 함께하게 되므로 부대별로 어디가 좋다 안 좋다 말하기는 조금 어려워지겠죠.

좋은 보직과 영어 실력의 상관관계

미군 보직 알아보기

▎영어 실력이 좋아야 몸이 편하다

카투사들은 KTA를 수료하고 전투병, 통역병, 헌병 등 15개의 보직을 받게 되는데요, 원하는 보직을 받기 위해서 가장 중요한 것은, 뭐니 뭐니 해도 영어 실력입니다. 그러나 후반기 교육을 받는 짧은 시간 안에 영어 실력을 남보다 향상시키기란 쉽지 않습니다. 따라서 보직 결정에 가장 큰 영향을 미치는 건 결국 입대 시 제출한 토익 점수죠.

그래도 카투사 선발 확정 후에 얼마나 영어공부를 해두느냐에 따라 영어 실력이 많이 차이 날 수 있으니 이 시간을 알뜰하게 이용하는 것이 좋습니다. 미군부대 들어가서 3개월이 지나도록, 즉 일병 진급하고도 영어를 못 알아듣고 말도 잘 못하면 그때부터 무시당합니다. 물론 카투사가 많이 있는 행정부대는 상대적으로 영어 실력이 부족해도 지낼 만합니다.

영어 점수가 높으면 카투사 행정병, 카투사 전투병, 카투사 헌병 등 원하는 보직을 받을 가능성이 커지지만, 그렇지 않으면 행정병을 원했는데 전투병으로, 전투병을 원했지만 행정병으로 가게 될 수 있습니다. 물론 몸으로 뛰는 보직과 행정 보직은 각각 장단점이 있습니다.

▎ 힘든 보직

힘들다고 알려진 보직으로는 미 2사단 전투병, 포병(artillery), 보병(infantry), 탱고 경비중대, 헌병 등이 있습니다. 이런 보직은 전투 시에 필요하기 때문에 어쩔 수 없이 영어를 많이 써야 합니다. 그래서 영어 실력을 향상시키기에 유리하지요. 45kg에 달하는 포를 들어야 하고 덩치 좋은 미군들과 훈련해야 하니 체력을 기를 수 있다는 것도 장점이라면 장점입니다.

다양한 총기류를 사용해볼 수 있다는 것도 밀리터리 매니아라면 상당히 매력적인 포인트입니다. EIB(Expert Infantry Badge)라는 미군보병훈련을 받고 기장(badge)를 획득해서 미군들의 존경을 받을 수 있는 가능성이 열려 있고요. 사격장에 자주 나가야 되고, 총기를 청소하고 정비하고 점검하고 재고도 확인하는 리커버리(Recovery) 작업이 성가시기는 합니다.

반면, 미군들은 철저히 점수제에 의해 보직 배치가 되기 때문에 이런 보직에는 비교적 지식수준이 낮은 사람들이 많습니다. 당연히 영어에 슬랭이나 욕설이 많아서 건강한 영어를 배우는 데에는 조금 걸림돌이 됩니다.

그리고 훈련이 힘들다는 점도 단점인데요, 매일 아침 3km가 아니라 10km씩 구보를 하게 될 가능성이 큽니다. 전투부대인 만큼 훈련이 잦은데, 심하면 1년 중 200일 가까이 필드에 있는 부대도 있습니다. 그래도 훈련 강도가 센 만큼 오프를 많이 줍니다. 하지만 오프가 자주 있어도 3개월 이상 부대 밖을 나가지 못하는 보직도 있습니다.

▎ 행정보직

정보(intelligence), 통신(communication), 항공(aviation), 카투사 인사과(ROKA staff), 보급(supply) 등 행정보직은 훈련이 적다는 점이 가장 큰 장점입니다. 제대할 때까지 사격이라고는 겨우 한두 번 하고 나올 수도 있죠. 상대적으로 대학교육을 받은 미군들이 많아서 다른 부대보다 고급영어를 접할 수 있는 점도 장점입니다.

미국 휴일, 한국 휴일 모두 쉬면서 독립기념일, 추수감사절, 수퍼볼(미식축구 결승전), 성탄절에도 길면 일주일씩 오프를 즐길 수 있습니다.

단점이라면, 업무 특성상으로도 촌각을 다투며 일처리를 할 필요가 없고 못 알아듣는다고 작전수행에 치명적인 문제를 일으키는 것도 아니라서 영어 실력 향상에 좀 불리합니다. 실제로 우리 MP 카투사들이 각 유닛에 가서 그곳 카투사 대신 통역을 해주는 경우도 많았습니다.

체력 단련할 기회가 적고 식사는 기름지니 살찔 가능성이 크다는 점도 단점이라면 단점이네요.

헌병, 의무병

헌병(MP: Military Police)은 미군 하사관 1명, 미군 1명, 그리고 카투사, 이렇게 3명이 12시간 근무를 합니다. 헌병대의 근무 원칙은 8시간 3교대입니다. 하지만 파견소대는 인원이 부족해서 어쩔 수 없이 12시간 근무를 하게 됩니다. 근무 시간이 길어서 몸은 힘들지만 영어 실력이 좋아진다는 점은 장점이죠.

그리고 일반 카투사에 비해 다양한 경험을 하기 때문에 배우는 것도 많고 술자리에서 '썰'을 풀기도 좋습니다. 헌병은 별의별 부대를 다 돌아다닙니다. 일반 카투사라면 2개 부대 이상 다녀본 카투사들이 거의 없을 텐데, 전투헌병 중에서도 파견소대로 나가는 카투사들은 10개 넘는 부대를 돌아다니는 귀한 경험을 하게 됩니다.

근무헌병이라고 부르는 헌병은 자대 위치에 따라 일반헌병과 전투헌병으로 나눌 수 있지만 기본적으로 미군 헌병은 전투헌병이라고 이해하셔도 됩니다. 그중에서 미2사단에 배치받는 전투헌병이 되면 타 부대의 훈련에 모두 참가하기 때문에 몹시 고달픕니다. 그래서 카투사 보직 중에 최악의 보직이라고 여겨지기도 하지요. 다른 카투사와는 달리 주말에 오프를 나오지 못할 수도 있습니다.

미군 MP는 경찰 업무를 하기 때문에 한국군 MP와 달리 게이트에 서 있는 것이 아니라 끊임없이 여기저기 돌아다닙니다. 각종 경범죄(한국인 대상 포함)와 교통사고뿐 아니라 살인, 폭행, 강간, 절도, 방화 등 무시무시한 범죄도 다루게 됩니다. 이런 다양한 사건 사고를 가까이 지켜보며 사회현상에 대한 이해가 생기므로 제대 후에 사회생활을 하는 데 큰 자산이 됩니다. 또한 이 과정에서 영어를 많이 사용하게 되므로 영어 실력을 높이는 데 유리한 보직이기도 해서 몸은 고달파도 경쟁은 치열합니다.

의무병(medic)도 일반헌병과 전투헌병의 차이와 비슷하게 일반의무병과 전투의무병으로 나닙니다. 일반의무병은 부대 내 병원에서 근무하지만, 전투의무병은 전투부대에 배속되어서 온갖 훈련에 다 따라다닙니다. 일반의무병은 거의 행정병과 비슷하다고 볼 수 있습니다. 전쟁 중이 아닌 이상 군병원이 혼잡하거나 북적대는 일은 결코 없습니다.

전투의무병의 장점이라면 일반의무병에 비해 체력 증진의 기회가 무궁무진하며, 화기를 다루는 데 능숙해진다는 점을 들 수 있겠네요.

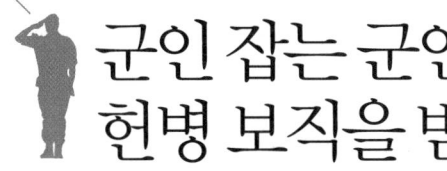
군인 잡는 군인, 헌병 보직을 받다

헌병 생활 이모저모

▌ 헌병 보직을 받다

논산에서 기초군사훈련을 받고, KTA에서 3주 간 후반기 교육을 받습니다. 후반기 교육 때 영어 시험도 2번 치뤘겠다, 떨리는 마음으로 자대배치를 기다립니다. 거의 마지막 날이 되어야 어디로 배치를 받을지 결정됩니다. 전산으로 추첨하는 장면을 화면으로 보여주는데, 결정이 난 다음에는 복도에 게시물이 붙습니다.

  제가 입대할 때의 카투사 입대 순서는 나이순이었습니다. 따라서 후반기 교육대에 있던 동기들은 대부분 저와 나이가 같거나 한두 살 어린 친구들이었죠. 제가 군대를 조금 늦게 가서 가장 일찍 입대한 군번이었거든요. 동갑으로 구성하다보니 KTA에서 같은 방을 썼던 친구들은 저까지 세 명 모두 생년월일이 같았습니다.

  3주의 KTA 생활을 보낸 이후에 드디어 보직 및 부대 발표. 부대는 어디가 어딘지 모르니 일단 제쳐두고, 문제는 보직이었습니다. 어떤 보직을 받게 될까 두근두근하고 있었습니다. 제게 맡겨진 것은 예상치 못한 헌병 보직이었지요. 내가 키가 커서 그런 건지, JSA 갈 뻔한 사건 때문인 건지 조금 의아하더군요.

여기서 잠시, 요즘은 JSA(Joint Security Area: 공동경비구역)를 한국군으로 100% 충원하지만, 제가 입대할 때만 해도 몇 달에 한번씩 카투사 중에서 한두 명 정도 차출해서 데리고 가기도 했습니다. 하필이면 제가 있을 때에 왔더군요. KTA 2주째쯤 되었을 때 JSA에 근무하고 있는 카투사 사병들이 몇 명 왔습니다. 우리 기수를 모아놓고 키 좀 크고 허우대 멀쩡한 사람들만 골라 반협박조로 묻더군요. 제가 잘생겼다는 건 아닙니다. 키는 좀 컸지요.

"JSA 못 갈 이유를 대봐."

"(이유를 괜히 대면 끌고 갈까 봐) 별다른 이유 없습니다."

"오호, 좋은데…."

"(어, 이게 아닌데) 아, 그게 아니라, 이러저러한 이유가 있습니다."

그때 댔던 이유는 개인적인 것이라 얘기는 안 하겠습니다만, 그 덕분에 전 JSA에는 안 갈 수 있었습니다. 모든 카투사 보직 중에서 가장 힘든 보직이 당시 JSA였거든요.

최전방이라서 엄청나게 군기가 세다는 점, 한국군과 함께 복무해야 하니 관계가 어색할 수 있다는 점, 멀다보니 오프 때도 집에 가기 힘들다는 점, 미군 만날 일이 별로 없다는 점, 아주 힘든 일과와 훈련이 기다리고 있다는 점 등 힘든 부분이 많은 곳이 JSA입니다.

다시 보직 발표 이야기로 돌아오면, 자대배치를 받을 때 한 기수 약 200명의 등수와 보직을 함께 보여주는데, 헌병 보직을 받은 동기들이 대부분 하위권이었습니다. 제 등수를 보니 헌병대로 갈 이유가 없었는데 보직이 그쪽으로 결정되어서 좀 이상했습니다.

그런데 이제 와서 생각해보니 이해가 좀 됩니다. 왜 하필 제가 헌병으로 가서, 그것도 거의 20개나 되는 부대를 돌아다녔는지 말이죠. 그것은 바로 여러분에게 꼼꼼하고 유용한 정보를 드리기 위해서였던 것입니다! 여하간, 그렇게 해서 두렵고 떨리는 맘으로 저의 전투부대 헌병 생활이 시작되었습니다.

전투부대 MP의 고달픈 생활

행정부대 MP는 그래도 견딜 만하지만, 전투부대 MP는 상당히 고달픕니다. 전투헌병이라고 불리며 모든 유닛의 훈련을 따라다니고, 대규모 한미 연합훈련도 따라다녀야 하기 때문에 보통 이상의 체력수준을 요합니다. 전투부대 MP 중에서도 ROKA 스태프(ROK Army Staff: '대한민국 육군행정병' 정도로 번역 가능한데요, 카투사가 많은 유닛에서 카투사 관리를 위해서 따로 만들어 놓은 보직입니다. 한국군으로 보면 말 그대로 '행정병'입니다)로 배치받으면 행정병이기 때문에 일반 카투사와 동일한 시계로 근무합니다. 주말에는 당연히 쉬고 한국 휴일, 미국 휴일 모두 쉬지요. 그러나 이런 보직은 극히 일부일 뿐, 전투헌병의 삶은 대체로 고단하죠.

다른 유닛보다 강인한 체력을 가져야 한다는 소대와 중대 선임하사의 주장 하에 늘 힘든 PT를 합니다. 저도 팔굽혀펴기(push-up), 윗몸일으키기(sit-up)는 기본이고 달리기를 얼마나 많이 했는지 모릅니다. MP 중대 전체가 달리기를 잘하는데, 특히 제가 있던 파견소대는 전체 중대에서 1등을 했을 정도입니다.

전투헌병들이 힘들게 복무를 한다고는 하지만 그보다 더한 최강의 PT를 하면서 아주 고생하는 부대가 있습니다. 503, 506이라고들 부르는 부대인데, 미국 전쟁드라마 중 최고라고 일컬어지는 『밴드 오브 브라더스

(Band of Brothers)』에도 이 부대가 나옵니다. 세계대전을 거쳐서 지금까지도 존재하고 있는데, 미 전투부대인 2사단에서 가장 힘든 보병사단이지요. 이라크 전쟁이 발발했을 때 바로 차출되어 파병되었을 정도입니다. 매일 구보를 10km씩 하고, 한 달에 한번 정도는 헬기 레펠 강하 훈련을 합니다. 이 유닛의 카투사는 일반 한국군에서도 보기 힘든 눈빛과 피부색을 자랑합니다. 중대가 있던 동두천에 가서 몇 번 식당에서 마주쳤는데, 다른 곳에서 보던 카투사들과는 완전히 다릅니다. 대한민국 특수부대의 눈빛을 보는 느낌이었습니다. 진짜 상군인이더군요.

통일대교 최전방 부대도 고생을 좀 합니다. 훈련이 세지는 않습니다. 군대 나오신 분들은 알겠습니다만, 전방 부대는 전방 부대의 소임을 다해야 하기 때문에 훈련이 그다지 많지 않습니다. 그곳에 있다는 것만으로도 늘 긴장의 연속이거든요. 미군부대에는 철책근무는 없지만 최전방 북한이 내려다보이는 곳에서 근무하고, 오프가 생겨도 위수 지역 이외의 곳으로 이동이 힘듭니다.

그래도 식사 잘 나오고 훈련도 별로 없고 상대적으로 오프도 많습니다. 단지 오프가 생겨도 부대를 떠나기 힘들 뿐이죠.

후방 부대는 어떨까요? 후방 부대는 개별 부대들이 각각 전략적 역할을 하도록 만들어져 있습니다. 후방 부대들도 각 부대의 특성에 맞게 독자적 훈련을 합니다. 후방 부대 중에 화학 부대도 있는데, 훈련할 때 방독면을 쓴 채로 구보 및 축구, PT를 한다고 하더군요.

▲ 파주로 파견 나갔을 때 최전선에서 찍었습니다. 잘 안 보일지 몰라도 오른쪽에는 권총을 왼쪽에는 MP 스틱, 왼팔에는 MP 완장을 차고 근무 중입니다. 오른쪽 사진은 제가 차고 다니던 완장입니다.

|알아두기| **영어에 도움되는 보직은 따로 있다**

행정병이냐 전투병이냐

카투사 지원 시 토익 점수가 높고 KTA에서 영어 시험을 잘 보면 행정부대에 배치되어 '좋은' 보직을 받습니다. 의대나 간호대 출신이라면 의무병(medic)으로 우선 배정받아서 병원에 근무하게 되고, 그 이외의 높은 성적이라면 aviation(항공대), ROKA staff(카투사 인사과), supply(보급), intelligence(정보), chaplain(군종) 등의 보직을 받습니다.

　이런 보직을 받으면 미군 장교나 하사관들과 일을 하게 되는데 이게 영어 향상에 오히려 걸림돌이 될 수 있습니다. 영어 실력이 좋아지려면 PV2, PFC(Private First Class: 일병)일 때부터 대화를 많이 해야 되는데, 미군 장교들이 새까만 쫄따구에게 열심히 말을 걸어 줄 리가 없거든요. 미군 장교 입장에서는 카투사는 일개 병사일 뿐이니까요. CPL(Corporal: 상병)이나 SGT(Sergeant: 병장)가 되면 그나마 인정해 주지만 그때가 되면 조금 늦지요.

　영어 점수가 낮으면 artillery(포병), infantry(보병) 등의 보직을 받는데, 오히려 영어 실력 늘리기에는 이런 보직이 나을 수 있습니다. 행정부대에 비해서 전투부대는 상대적으로 흑인과 히스패닉의 비중이 높고, 사용하는 영어도 고급영어가 아닙니다. 쉽게 말해

'욕'을 섞지 않으면 대화가 불가능할 수도 있습니다. 저급한 영어를 일부 쓰기도 하지만 그곳에도 하사관과 장교들은 있으므로 세련된 영어를 배울 기회 또한 얼마든지 있습니다. 전쟁 시 최전선에 나가게 되는 부대이기 때문에 자대배치받고 2~3개월 내에 영어 실력이 급상승할 수도 있지요. 그리고 제대 후에 군대 얘기 하면서 으스대기도 좋은 보직입니다.

소수지만 알짜배기, 전투부대 MP

너무 소수이기 때문에 알려드리기도 뭐하고 한번 시도해보라고 하기도 어렵지만, 영어 실력 향상을 기대할 수 있는 최고의 보직은 전투부대 MP라고 볼 수 있습니다. 그중에서도 파견소대 MP가 최고인데, 그 비율은 1%도 되지 않습니다. 전투부대와 행정부대의 장점을 모두 가지고 있고, 카투사의 본질적 역할인 '통역'을 끝없이 해야 하기 때문에 영어 향상에 실질적 도움을 많이 얻을 수 있지요.

전쟁 시 한국군과 미군 사이의 가교 역할을 하는 것이 카투사의 임무지만, 전쟁이 아닌 상황에서는 유닛에 배치된 카투사가 통역을 할 일이 거의 없습니다. 신병(PV2)이 자대배치 받으면 미군들에게 소개해주는 정도 밖에는 할 일이 없지요.

하지만 전투 MP는 많이 다릅니다. 행정부대의 MP는 부대 내의 문제를 주로 관할하는 데다가 외부 훈련도 잘 동행하지 않습니다. 하지만 전투 MP는 부대 밖에서 사고치는 미군들을 처리해야 합니다. 그때마다 CID(Criminal Investigation Detachment: 군사 범죄 수사대)에서 근무하는 한국 아저씨들과 함께 한국 경찰과 PMO(헌병대) 사이에서 끝없이 통역을 해야 하지요.

또 훈련 현장에 나가면 탱크와 장갑차가 통행할 때 한국 지역사회의 안전을 보장하기 위해 MP들이 TC(Traffic Control: 교통통제)를 해야 합니다. TC는 미군과 카투사가 함께 하지만, 지역주민들을 달래고 그 불만을 미군에게 다시 통역해주는 등의 일은 카투사가 할 수 밖에 없습니다. 그러니 영어가 늘 수밖에 없지요.

단, 카투사로 복무하고 있는 3천여 명의 카투사 중에서 전투 MP는 5%도 되지 않습니다. 전투 MP 보직을 받게 된다면 처음엔 당황스럽고 지내기도 고되겠지만, 영어 실력 향상이라는 목표를 생각한다면 아주 바람직한 보직이니 너무 실망하지는 마세요.

|알아두기| **미군에게 리더십 보여주기**

미군에는 BLC(Basic Leader Course)라는 부사관 기본 교육과정이 있습니다. 2005년까지는 '기초 지도력 양성과정' 정도로 직역할 수 있는 PLDC, 그 후에는 WLC로 불렀습니다. 2015년에 BLC로 이름이 바뀌었을 뿐 배우는 내용은 차이가 없습니다.

BLC(WLC)는 미군 부사관 교육의 첫 번째 과정으로, 전투수행기술, 리더십, 훈련 관리감독, 독도법, 방향탐지, 전투명령 하달, 부대기동 및 전투 수행방법 등, 말 그대로 전투를 수행하기 위해서 분대장(Squad Leader) 역할을 감당할 수 있는 훈련을 받습니다.

1개월 동안 오전 4시 30분에 기상하고 밤 11시가 넘어서야 취침하는 힘든 과정을 수료하면 상병(Corporal)이 될 수 있습니다. 한국군의 상병에 해당하는 계급은 미군에서는 두 가지로 나뉩니다. SPC(Specialist)와 CPL(Corporal)이 그것입니다. 보통은 일병에서 SPC로 진급하게 되지만, BLC 과정을 수료하면 CPL로 진급합니다. SPC와 CPL은 차이가 큰데요, SPC는 단순하게 PFC(Private First Class: 일병)보다 윗 계급이지만 CPL은 지휘권을 갖는 NCO입니다. 그래서 각 유닛의 필요에 의해서, 혹은 군대에 더 오래 머물고자 하는 상병(SPC)과 병장(SGT)들이 이 과정을 수료하게 됩니다.

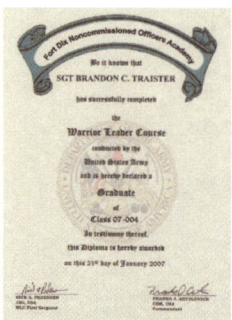

그런데 한국군(카투사)은 그 편제상 PV2(이병), PFC(일병)를 거쳐서 바로 CPL(상병)로 명칭이 바뀝니다. 미군과 같은 교육과정을 거치지 않아도 CPL이 되는 거죠. 미군 내에서 CPL은 이병, 일병들이 보기에 지도력도 있고 지휘권도 있고 높은 사병이기 때문에 처음 한국에 온 미군들은 카투사 CPL을 우러러 봅니다. 그러다 사정을 알게 되면 은근히 무시하죠. 이럴 때 상황을 해결할 수 있는 방법이 두 가지 있습니다.

첫 번째 방법은 미군과 똑같이 BLC 과정을 수료하는 것입니다. 카투사도 이 과정을 수료할 수 있는데, 다만 카투사에게 할당된 인원이 많지 않아 원한다고 모두 갈 수는 없습니다. 행정병보다는 전투병에게 우선권을 주지요. 그리고 영어 실력이 부족하면 입소와 수료가 어렵습니다. 사실 상병씩이나 되어서 고달픈 교육과정을 또 겪으려는 카투사는 많지 않습니다. 대신 BLC를 수료하고 부대로 복귀하면 미군들이 보는 시선이 바뀝니다. 분대장 훈련을 받았으니 인정해주는 것이지요. 또한 복귀하면 미군에서 일주일 넘는 특별휴가도 줍니다.

두 번째 방법은 리더십이 있다는 걸 보여주는 것입니다. 일례로 CPL이 되면 이병이나 일병에게 소위 얼차려를 줄 권한이 주어집니다. 엎드려 뻗쳐(Push)를 시킬 수도 있고, 사역(detail)을 시킬 수도 있습니다. 당연히 정당한 이유를 설명하고 그쪽이 납득해야 합니다. 카투사도 같은 계급의 미군과 동일하게 인정받고 존중받을 권리가 있기 때문에 미군도 카투사 CPL의 명령에 복종해야 합니다.

카투사가 미군에게 어떤 지시를 하려면 몇 가지 전제가 있어야 합니다. 너무 당연하지만, 지시를 적절히 내리고 보고를 받을 수 있는 영어 실력이 있어야 합니다. 또 군대 내에서 무슨 작전이 이루어지고 있는지, 지금 상황에서는 무엇을 해야 하는지에 대해 전반적인 이해와 판단이 가능해야 합니다. 그래야 이병, 일병들이 뭘 어떻게 잘못하고 있는지 인지하고 그들을 설득할 명분이 생기니까요. 그리고 지시사항이 장교의 영역을 침범하거나 부당한 것이어서도 안 되겠지요. 미군들도 자기들 사이에서 싫어하는 CPL이나 SGT(Sergeant: 병장), 하사관들이 있기 마련입니다. 이런 이들에게 동일한 계급을 가진 카투사가 잘잘못을 제대로 따지는 모습을 보여주면 일병, 이병들뿐 아니라 미군 NCO(상병 이상 하사관)들에게 좋은 인상을 줄 수 있습니다.

BLC를 수료하지 않았다고 해도 무시를 당하거나 지휘체계에 문제가 생기는 것은 아닙니다. 카투사들 중에서 각 유닛에서 BLC를 수료할 수 있는 인원은 10%도 되지 않습니다. 대다수의 인정받는 카투사들은 각자의 근무지에서 리더십을 보여주었기에 순조롭게 군생활을 마치고 제대하는 것이죠. 물론 그와는 반대로 리더십을 보여주지 못하고 제대하는 카투사들도 생각보다 많다는 것이 조금 안타깝기는 합니다.

| 희조생각 | **SOFA와 대한민국 국력의 상관관계**

카투사 헌병이 되면 익숙해질 두 가지 약어가 있습니다. UCMJ와 SOFA가 그것입니다.

UCMJ는 Uniform Code of Military Justice의 약자입니다. 카투사나 미군으로 입대하지 않으면 들어볼 기회조차 없는 약자이지요. 물론 미군의 라디오 채널 Eagle FM에서는 자주 들을 수 있습니다. 미군에서는 UCMJ에 기반하여 군법을 집행하는데, 여기에는 포로로 잡혔을 때는 어떻게 해라, 군인으로 이러저러한 것들을 지켜라 하는 것들이 나와 있습니다.

SOFA는 Status of Forces Agreement의 약자입니다. 통상 '주둔군 지위협정'으로 번역합니다. 1967년부터 발효되어 적용되고 있는 협정인데, 주한미군이 한국 내에서 말썽을 일으킬 경우 미군에게 유리하게 적용하므로 문제거리가 되고 있습니다.

우리나라에서는 2002년 장갑차에 우리 여중생들이 압사당한 사건을 통해 SOFA가 크게 이슈가 되었죠. 당시 미군법정은 훈련 중 어쩔 수 없이 일어난 사고이므로 고의성이 없다는 판결로 무죄를 확정해서 우리의 분노를 일으켰습니다. 이에 전국민적 촛불시위도 여러 날 이어졌지요.

타국에 주둔하고 있는 만큼 보호관리 차원에서 자기네들에게 유리하게 협정을 만든 것은 이해한다 해도, 차별적 협정이라는 것은 우리 입장에서는 분명합니다. 특히 면책 조항이 많아서 경범죄는 대체로 우리나라에서 처리하도록 내버려 두지만 성폭행, 살인 등의 중범죄로 넘어가면 재판권이 미군법정으로 넘어가지요. 우리나라 경찰에 체포되어도 미 헌병대가 인도를 요청하면 별말 못하고 내주어야 합니다. 한번 미 헌병대로 인계되면 다시 한국 경찰에서 소환하기가 어렵습니다.

    제가 MP로 복무하면서 겪었던 험악한 몇 건의 중범죄 중 우리 국민을 대상으로 한 사건도 2건 정도 있었습니다. 그러나 역시 한국 사법권이 제대로 미치지 못해 정말 안타까웠습니다. 이런 문제로 우리나라는 SOFA를 개정하고자 시도 중이지만 타결은 되지 않고 있습니다. 이웃나라 일본에서도 역시 꾸준히 개정 움직임이 있으나 진전은 보이지 않고 있습니다.

    그래도 요즈음에는 우리나라의 발언권이 커지고 동북아시아의 정세가 변화하면서 주한미군도 우리나라를 함부로 대하지는 못합니다. 근래에 미 헌병대가 한국경찰에 체포된 미군의 신병 인도를 요구했는데 우리 경찰에서 거부한 예가 있습니다. 또 미 헌병대가 체포했더라도 우리의 요구로 신병을 인도한 일도 있고요. 이러한 변화를 볼 때, 진작 당연히 그랬어야 하는 모습들이 이제서야 하나 둘 자리를 잡는 것 같아 씁쓸하기도 하고 그나마 다행이라는 생각도 듭니다.

즐거운 군생활, 먹는 게 남는 거다

★ 미군부대 최고의 식당은? 미군부대 식당 이모저모
★ 아침에는 계란이 최고 미군 식당의 아침 메뉴
★ 줄을 잘 서야 하루가 든든하다
　　메인 오더 라인과 숏 오더 라인
★ 부대 안에 맥도날드가? 미군부대 패스트푸드점
★ 카투사에게 맛있는 한식을 제공하라
　　미군 식당에서 한식 먹기

미군부대 최고의 식당은?
미군부대 식당 이모저모

▌ 뭐니 뭐니 해도 먹는 게 최고

제가 카투사에서 경험한 미군부대는 일반 카투사가 경험한 것과는 차이가 있을 겁니다. 저는 전투 MP 중에서도 파견소대에서 근무했고 제가 따로 맡았던 임무도 좀 특이해서 유별나게 많은 미군부대를 경험했거든요.

캠프 잭슨(Cp Jackson)을 시작으로, 캠프 스탠리(Cp Stanley), CRC(Cp Red Cloud), 캠프 케이시(Cp Casey), 캠프 에세욘스(Cp Essayons), 캠프 하우즈(Cp Howze), 캠프 개리슨(Cp Garrison), 캠프 카일(Cp Kyle), 캠프 모빌(Cp Mobile), 캠프 하비(Cp Hovey), 캠프 페이지(Cp Page), 캠프 개리 오웬(Cp Garry Owen), 캠프 라과르디아(Cp LaGuardia), 캠프 시어스(Cp Sears), 캠프 님블(Cp Nimble), 캠프 캐슬(Cp Castle), 캠프 리버티 벨(Cp Liberty Bell), 캠프 보니파스(Cp Bonipas), 캠프 그리브스(Cp Greeves) 등 거의 부대 20곳을 돌아다녔습니다.

그러다보니 자연스럽게 식당 음식들을 비교해볼 수 있었는데요, 식당의 전반적인 질은 용산이 최고입니다. 후방 카투사들의 증언까지 추가하자면 오산 AB가 최고, 그 다음이 대구 왜관 식당이 좋고, 그 다음이 용산, 동두천, 평택 이런 순서라고들 하네요.

미군부대의 아침, 점심, 저녁

미군부대의 아침식사는 영화에서 보는 일반적인 미국식 아침식사와 비슷합니다. 계란, 오트밀, 토스트, 햄 쪼가리 등. 서양식 아침식사가 입에 썩 맞지 않아 고생하는 카투사들도 많습니다. 부대마다 좀 다르지만 아침에 밥과 고추장, 김치 두어 가지가 나오는 부대도 있습니다. 하지만 쌀밥이 찰기 없고 푸석한 미국 쌀이라 맛이 형편 없습니다.

밤근무를 끝내면 아침 6시입니다. 밤샘 근무를 하면 바로 자던가 계란에 커피 한 잔 마시고 자는 MP들도 있고, 저처럼 꼬박꼬박 아침을 챙겨 먹는 사람들도 있습니다. 대부분의 카투사들은 CQ(Charge of Quarters: 숙소책임자. 우리식으로는 당직근무입니다)를 하지 않는 이상 밤근무하고 아침 먹을 일은 별로 없으니까 너무 겁먹지는 마세요. 여하튼 평소에는 계란 후라이 두 개 받아서(때론 스크램블이나 오믈렛도 먹습니다) 햄이나 베이컨을 곁들여 빵하고 같이 먹습니다. 영 빵이 당기지 않는 날은 맛없는 쌀밥에 고추장이랑 버터 넣고 계란 후라이랑 비벼서 먹기도 하지요.

아침에 PT가 끝나면 샤워하고 방 정리도 하고 식당에 가는데, 대체로 7시부터 식당이 열립니다. 미군 식당은 Mess Hall, D-Fac(Dinning Facility), Chow Hall 등으로 부르는데, 그 중에서 디팩이 가장 있어 보이는 표현이죠. 논산훈련소나 캠프 잭슨에서는 막사에서 식당까지 전우조(battle buddy) 시스템으로 함께 식당으로 이동하지만, 자대배치 후에는 소대원들과 자연스럽게 식당에 가서 먹으면 됩니다. 제가 있던 캠프 스탠리에는 식당이 두 개 있었고, 식당과 막사 중간에는 스낵바도 있었습니다. 바쁘거나 식당까지 가기 귀찮을 때는 거기에서 때우기도 하는데, 소시지 버거와 오렌지 주스를 주로 먹었습니다.

배식 시스템

앞서 말씀드렸듯이 미군 식당의 배식줄은 두 줄입니다. 메인 요리(Main Dish)와 스낵(Snacks). 메인 오더 라인(Main order line)과 숏 오더 라인(Short order line)이라고도 합니다. 메인과 스낵뿐 아니라 채식주의자를 위한 샐러드 바를 따로 두는 경우도 있습니다. 또한 그 외에도 각종 디저트라던가 음료수, 샐러드, 시리얼 등 종류가 다양합니다.

E-6(SSG: 하사) 이하 사병들은 식사가 공짜지만(월급에 식비가 300달러 정도 포함되어 들어오고, 월급을 받자마자 바로 공제되므로 사실 공짜라고 볼 수는 없죠) 그 이상의 고위 부사관들과 장교들은 돈을 내고 먹어야 합니다. 입구에서 원칙적으로 식사 카드(Meal Card)를 제시해야 입장이 가능합니다. 식당에 들어갈 때 사병들은 식사 카드를 제시하고 ID 카드를 보여주면서 용지에 서명합니다. 카투사는 대체로 ID 카드를 보여주고 서명하고 들어가서 줄만 서면 됩니다. 카운터에 앉아 확인하는 사병은 취사병(cook)이 아니라 각 유닛에서 파견 나온 경우도 많습니다. 장교들은 2~3달러 정도를 내면 입장이 가능합니다.

▲ 미군부대 식당입니다. 보통 디펙이라고 줄여서 부릅니다.

아침에는 계란이 최고
미군 식당의 아침 메뉴

▌ 계란 선택하기

아침식사는 메인 오더, 숏 오더 구분이 없습니다. 가장 먼저 계란을 선택하는데, 조리 방법에 따라 sunny side up, overeasy, overmedium, overhard, scrambled egg, boiled egg, omelet 중에서 고르면 됩니다. 좀 복잡하지요?

▲ 노른자 위에 흰자를 씌워서 구우면 overeasy입니다. 누르면 노른자가 터지죠.

집에서 먹는 '계란 후라이'를 sunny side up이라고 부릅니다. 계란 노른자가 위에 동그랗게 올려진 모양입니다.

사진처럼 노른자에 흰자를 얇게 씌워서 속에 있는 노른자가 익지 않게 구워내면 오버이지(overeasy), 노른자를 반쯤 익혀 안 터지게 하면 오버미디엄(overmedium), 모양은 같은데 완숙으로 구우면 오버하드(overhard)라고 부릅니다. 자세히 나누자니 이런 거지, 사실 대부분 오버이지로 주문합니다. 게다가 취사병이 여러분의 발음을 못 알아듣기 쉬우니 그냥 오버이지로 시키는 게 편할 겁니다.

스크램블드 에그(scrambled egg)는 달걀을 풀어서 부드럽게 휘저으면서 몽글몽글하게 만든 계란 요리입니다. 보일드 에그(boiled egg)는 삶은 달걀인데, 이건 주문하는 사람이 많지 않습니다. 절대 다수는 스크램블드 에그와 오믈렛(omelet)을 해달라고 합니다.

그중에서도 오믈렛이 제일 맛있습니다. 계란 안에 여러가지 채소와 햄, 버섯, 양파 등을 넣는데, 원하는 내용물을 고를 수 있습니다. 우리는 이것저것 취향에 맞게 요구하는 게 익숙하지 않지만, 미군들은 자기 입맛에 맞게 세세하게 주문을 합니다. 추가할 거 추가하고 뺄 거 빼죠. 빼고 싶은 내용물이 있으면 이렇게 말하면 됩니다.

▲ 맛 좋고 색깔도 예쁜 오믈렛입니다.

"Everything but onion, please." (양파 빼고 다요.)

"Hold the onion, please." (양파는 빼주세요.)

맛도 있고 든든한 오믈렛이지만 만드는데 5분도 넘게 걸립니다. 그래서 갓 자대배치를 받은 신참이 고참들 기다리는데 오믈렛을 받아 먹기는 좀 눈치가 보이죠.

베이컨과 소시지

그 다음엔 베이컨이나 소시지를 담는데, 이건 이미 구워져 있습니다. 베이컨은 한국 베이컨보다 두껍고 짠 미국 스타일 베이컨입니다. 소시지나 햄도 미리 구워서 담아 놓으니까 골라서 그릇에 올리면 됩니다. 개수 제한은 없지만 짜니까 너무 많이 담지는 마세요.

▍빵 고르기

다음엔 빵을 고릅니다. 베이글, 호밀빵, 흰빵, 프렌치 토스트, 비스켓 등 원하는 대로 고르세요. 그런 다음에 토스터에 구워먹든 쨈이나 버터에 발라먹든 시럽이나 설탕 뿌려먹든 입맛에 맞게 먹으면 됩니다. 프렌치 토스트는 취사병에게 달라고 하면 되지만 나머지 빵은 토스터 옆에 놓여 있어서 직접 담으면 됩니다. 그 옆에 쨈이나 버터도 있습니다. 쨈과 버터는 1회분씩 포장되어 있습니다.

▍씨리얼과 음료

씨리얼(cereal)은 수십 가지 종류가 일회용 팩으로 나옵니다. 우유는 쿨러에 컵으로 받아서 마시면 되고요. 흰 우유, 커피 우유, 초코 우유, 저지방 우유 등이 있습니다. 커피나 주스를 선택해도 되고, 각종 탄산음료도 있습니다. 커피에 넣을 설탕이나 크림은 각 테이블에 놓여 있고요.

씨리얼을 틈틈이 가지고 와서 방에 두고 먹는 카투사들도 있는데 점검할 때 걸리면 혼납니다. 필요 이상으로 많은 음식이 방에 있으면 안 됩니다. 제 후임 중에 방에 씨리얼 30박스, 오렌지 50개를 쟁여 놓고 있다가 걸린 녀석도 있습니다.

후식 먹고 마무리

과일은 주로 오렌지, 미국 사과, 미국 배, 바나나 등이 나옵니다. 먹어보신 분은 알겠지만 미국 사과와 미국 배는 정말 맛이 없습니다. 그래서 미군들도 한국 사과랑 배를 갖다주면 맛있다고 좋아합니다.

각종 케이크도 한 조각씩 랩에 싸여 작은 그릇에 담겨 있습니다. 애플파이가 제일 많이 나오지만, 그 외에도 치즈케이크, 월넛파이, 피칸파이, 파운드케이크, 쉬폰케이크 등이 있어서 골라 먹으면 됩니다. 케이크 위에 아이스크림 얹어서 먹으면 최고죠.

줄을 잘 서야 하루가 든든하다
메인 오더 라인과 숏 오더 라인

▌ 메인 오더 라인

점심, 저녁에는 메인 오더 라인(Main order line, 롱킷)과 숏 오더 라인(Short order line, 숏킷)으로 제공됩니다. 실제로는 "메인 올라인" "쇼롤 라인"처럼 들려서 처음에는 알아먹기 힘들지요.

이중에서 먼저 메인 오더 라인은 말 그대로 제대로 된 한 끼 식사를 제공합니다. 각종 스테이크, 라자냐, 각종 닭요리, 스파게티 등이죠. 스테이크는 매 끼니마다 나오는 것은 아닙니다. 대부분 패밀리 레스토랑만은 못합니다.

가끔 티본 스테이크와 랍스터를 주는 날에는 줄이 말도 못하게 길어집니다. 평소에는 디펙에 잘 오지 않는 장교들도 그날은 대부분 이곳으로 모여들죠. 장군(General)이 있는 부대는 일주일에 한번, 대령(Colonel) 등 영관급이 있는 부대는 1개월에 한번 이런 특식이 나옵니다. 부대마다 차이는 있지만, 용산이나 오산, 왜관은 기본적으로 식사가 좋습니다.

특식을 제외하고 평상시에는 닭으로 할 수 있는 온갖 종류의 요리가 주를 이룹니다. 부대에서 거의 닭장차 한 대 분량의 닭을 먹고 나온 듯 합니다. 제대하고 닭맛을 구별하는 데 도사가 되었거든요. 특히 제 보직이

MP다 보니, 사건 출동하고 나서 늦게 식당에 가면 맛있는 건 다 없어지고 말라비틀어진 닭만 저를 기다리는 일이 많았습니다.

남은 음식이 '간 스테이크'뿐이면 정말 최악의 날입니다. 순대 시키면 따라오는 간이 스테이크만 한 크기와 두께로 나온다고 생각해보세요. 게다가 순대집에서 주는 고소한 간하고는 너무나 다른 정말 이상한 맛입니다. 미군들도 이건 잘 안 먹습니다.

숏 오더 라인

숏 오더 라인은 조금 간소한 음식, 즉 수프, 햄버거, 프라이드 치킨, 콘도그, 핫도그, 샌드위치 등을 제공합니다.

제가 있던 부대에서는 배식을 대부분 미군 취사병들이 했는데, 아무래도 전문가가 아니다보니 햄버거를 만드는 솜씨가 제각각이었습니다. 다 타버린 딱딱한 버거를 주는 녀석도 있고, 축축한 빵을 주는 녀석도 있었죠. 하지만 용산 미군부대에서는 한국 아저씨들이 배식을 담당하셔서 미군 취사병이 배식하는 곳보다 맛이 좋습니다.

메인이건 숏이건 배식을 받고 나오면 나초가 한 양동이 준비되어 있는 날도 있습니다. 뜨거운 치즈와 토마토 페이스트도 한 통씩 놓여 있습니다. 이건 굉장히 맛있습니다.

디저트

식후 디저트로는 각종 조각 케이크가 준비되어 있습니다. 애플파이, 푸딩, 피칸파이 등 좋은 뷔페식당에서 후식으로 나오는 모든 종류의 케이크를 먹을 수 있지요. 아이스크림도 바닐라, 초콜렛, 체리 등 취향에 따라 선택해서 먹으면 됩니다. 아이스크림 옆에는 과일도 담겨 있습니다. 역시 모양만 예쁘고 맛은 없는 미국 사과와 미국 배, 그리고 각종 계절 과일이 제공됩니다. 제일 많이 나오는 건 오렌지입니다. 미군부대의 주소가 캘리포니아로 되어 있는 만큼 캘리포니아 오렌지가 빠질 수 없죠.

어찌 되었든 미군부대의 식사를 종합해보면 엄청나게 살찌는 것만 나옵니다. 이것저것 다 먹다가는 PT 테스트에 떨어지고 지방간에 걸리기 쉬우니까 알아서 조절하세요.

부대 안에 맥도날드가?
미군부대 패스트푸드점

▌ 버거킹과 맥도날드가 부대 안에

미군부대 안은 그냥 미국의 한 마을이라고 보셔도 됩니다. 대한민국의 행정력과 경찰력이 들어가지 못하는 그야말로 미국땅이죠. 주소도 캘리포니아로 되어 있고요. 덕분에 미국에 가지 않고도 미국문화를 조금이나마 맛볼 수 있습니다. 미군부대가 자리잡고 있는 곳 중에서 동두천, 용산, 평택 등은 특히 규모가 큽니다. 부대 안에서 차를 타고 20분 이상 가야 끝에서 끝까지 이동이 가능한 곳도 있지요. 여러 개 부대가 연이어 있기도 합니다.

미군부대는 그 안에 대단히 다양한 편의시설을 갖추고 있습니다. 부대마다 차이는 좀 있지만 버거킹, 파파이스, 케이에프씨, 맥도날드, 타코벨, 베스킨 라빈스, 서브웨이, 찰리스, 스무디킹, 칠리스, 이디야, 스타벅스, 피자헛 등 여러 패스트푸드점도 있습니다. 한국 패스트푸드점과는 맛과 양에 차이가 좀 있습니다. 가격은 좀더 싸고요. 특히 파파이스에서는 비스켓에 발라 먹으라고 꿀을 일회용 케첩처럼 담아놓습니다. 카투사건 미군이건 듬뿍 발라서 먹습니다.

▲ 미군부대 안에 있는 패스트푸드점

부리토와 피자

밀전병 안에 고기, 각종 채소, 소스 등을 넣고 돌돌 말아 먹는 부리토(burrito). 멕시코 음식인데 우리한테는 그리 익숙하지는 않죠. 미국 사람들은 부리토를 많이 먹는데 미군부대에서 파는 부리토는 맛이 꽤 괜찮습니다. 특히 찰리스(Charleys)의 부리토는 가격이 6~7달러 정도로 싸다고 볼 수는 없지만 맛과 양이 대단히 훌륭합니다. 같은 크기의 부리토를 밖에서 먹으려면 1만 5천 원 이상은 줘야 합니다. 콜라 등 탄산음료 기계는 식당 좌석 쪽에 따로 있어서 무한 리필이 가능합니다. 제가 있던 캠프 스탠리에는 아쉽게도 부리토 파는 가게는 없었습니다. 동두천 중대 캠프 케이시에 갈 때만 맛볼 수 있는 일종의 특식이었죠. 각종 패스트푸드 가게들과 MCSS(의복류 판매점), 이발소 등이 뭉쳐서 큰 상가를 이루고 있는데 그 규모가 꽤 큽니다. 그 안에는 카투사들이 구경은 할 수 있어도 구매할 수는 없는 가게도 같이 있습니다.

피자는 안토니 피자(Anthony's Pizza) 체인에서 코스트코 피자만한 크기를 12달러에 파는데, 맛이 꽤 좋습니다. 수퍼수프림 피자, 페퍼로니 피자, 치즈 피자 중 선택이 가능한데, 수퍼수프림은 맛이 없고 치즈 피자가 깔끔해서 좋습니다. 캠프에 따라 피자헛이 PX나 CAC(Community Activity Center)에 입점해 있는 곳도 있습니다.

스낵 바와 부대 밖 음식 가게

스낵 바(Snack bar)에서는 미국 음료수와 피자 등을 파는데 미국 돈을 주로 받습니다. 우리나라 돈으로 내면 더 줘야 하기 때문에 달러를 환전해두는 게 좋습니다. 어차피 2년 있을 곳이니까요.

점심시간에 피자 뷔페를 여는 식당도 있는데, 12시부터 1시 30분까지 5달러에 피자와 스파게티를 무한정 먹을 수 있지요.

코리안 스낵 바(Korean Snack Bar)도 있습니다. 라면과 밥을 파는데, 카투사들은 버섯밥, 제육밥 등을 주로 먹고 미군들은 주로 라면을 먹습니다. 물론 캠프마다 차이는 있습니다. 그 밖에 다른 음식은 주로 부대 밖에 있는 마트나 식당 등에서 접하게 되죠.

카투사에게
맛있는 한식을 제공하라
미군 식당에서 한식 먹기

▎김치 없인 못 살아

아무리 미군 식당이 맛있다고 해도 한국 사람이 한국 음식 없이는 살기 힘들죠. 그래서 미군부대에도 한식이 있습니다.

부대의 규모에 따라, 그리고 장군(General)이 상주하는지에 따라 미군부대의 음식 종류에 전반적인 차이가 있습니다. 부대가 작으면 한식이라고는 고추장, 김치, 흰 쌀밥 밖에 없습니다. 제가 있던 부대는 3천 명이나 근무했던 큰 부대였지만 장군이 없어서였는지 고추장, 김치, 쌀밥 3종 세트 뿐이었죠. 좀 괜찮은 부대에는 다양한 한식 메뉴가 있고, 배식과 요리는 한국 아저씨들이 하십니다. 그분들의 실력이 미군 취사병보다 압도적으로 우수합니다.

음식을 제대로 즐기는 미군들은 의외로 한식을 많이 찾습니다. 김치를 먹는 미군도 생각보다 많습니다. 김치를 처음 본 미군들은 코를 부여잡고 뭐라고 하기도 하지만, 그럴 땐 이렇게 한마디 해주세요.

"인종차별 하는 거냐? 한국 음식에 불만 있냐? 카투사들 보기 싫으냐? 그러면 정식으로 항의를 제기해!" (Are you a racist? Do you have a racial problem? Do you have any problem with Korean Food? You don't like KATUSA being here? You just refered to us as freaking KATUSA? Right? And then, file a complaint, soldier!)

온당치 않은 표현을 하는 미군이 있으면 기죽지 말고 꼭 당당하게 항의하세요. 서로의 문화와 관습을 이해하고 존중하는 것이 당연한 태도니까요. 같은 유닛에 있는 미군이라면 김치를 한번 먹어보라고 하세요. 같은 유닛에서 김치 좋아하는 미군과 함께 있을 때 먹으라고 해보면 좋습니다.

못 먹거든 입 짧다고 놀려주세요. 문화적 편견을 버리고 문화의 다양성을 인정하는 폭넓은 사고방식을 가지라고 충고해주시고요. 이렇게 당당한 모습을 보이면 군생활이 오히려 편해집니다.

다시 밥 얘기로 돌아가면, 한국 쌀로 만든 밥은 밥통에 따로 있습니다. 밥통 위치는 부대마다 다르긴 하지만, 보통 배식을 받고 나오면 바로 옆에 따로 두지요. 메인 오더 라인에도 쌀밥이 있지만 미국 쌀이라 찰기가 없어서 맛이 없습니다. 그래서 미군들도 밥통에 들어 있는 한국 쌀밥을 퍼다 먹습니다. 밥통 속에 있는 쌀밥은 카투사를 위한 것이긴 하지만 KATUSA ONLY라고 적혀 있지는 않으니까요. 미군들도 미국 쌀밥은 맛이 없다고들 합니다. 찰기 있는 쌀(sticky rice)라 부르면서 한국 쌀밥을 선호하지요. 별거 아니지만 은근히 자랑스럽습니다.

어쨌든 미군부대인 만큼 한식이 준비되어 있다고 해도 성에 차지는 않습니다. 조금 힘들어도 카투사 복무 기간만큼은 미국 음식에 입맛을 맞춰보는 것도 좋을 겁니다.

| 갔다왔어요 | **KFC, 코리안 프라이드 치킨의 추억**

제가 있던 캠프 스탠리 정문 앞에는 튀김집이 하나 있었습니다. 주말에 부대 밖 근무를 끝내고 돌아오면 미군과 카투사가 앞을 다투어서 사먹던 튀김집이죠. 가게 이름도 멋집니다. KFC! 켄터키 프라이드 치킨(Kentucky Fried Chicken)이 아닙니다. 코리안 프라이드 치킨(Korean Fried Chicken)이죠.

미군들은 주문할 때 손가락으로 튀김을 하나씩 가리키면서 한국 아주머니한테 이렇게 말합니다.

"One thousand, one thousand."

이렇게 천원어치씩 서너 가지 종류로, 보통 3~5천 원어치를 주문합니다. 오래된 기름에 튀긴 그저 그런 튀김인데도 그때는 정말 맛있었습니다. 이병, 일병, 상병, 병장, 그리고 심지어 선임병장이 되어서도 여전히 입에 당기더군요. 처음 제가 자대배치 받고 나서 그곳에서 소대원들이 전부 라면 회식을 하기도 했지요. 튀김 종류야 우리도 잘 아는 감자 튀김, 오징어 튀김, 닭 튀김, 만두 튀김 등인데, 케찹을 왕창 찍어 먹습니다.

특히 한겨울에 부대 밖 근무를 마치고 들어올 때면 여기를 그냥 지나치기는 쉽지 않습니다. MP라는 이유로 옷을 껴입지도 못하고 춥게 근무하기 때문에(권총에 각종 장비도 착용해야 하는 보직이라 폼이 좀 나야 되거든요), 밤새 추위에 떨다가 부대로 복귀하기 직전, 고소한 튀김 냄새를 마구 풍기는 가게가 눈앞에 있으니 어떻게 지나치겠습니까.

　이 가게는 부대 앞에서 미군들을 대상으로 장사하는 곳이라 MP가 아니면 가보기 힘듭니다. 이 가게의 핵심메뉴 중에 치킨치즈 라면(Chicken Cheese Ramyon)이 압권입니다. 고지방 고열량의 맛있는 라면입니다. 많이 먹으면 건강에 문제가 생길 것 같은 메뉴지요. 라면을 맛있게 끓여 그 위에 닭을 찢어서 얹은 다음 뜨거운 상태일 때 위에 치즈를 얹어서 녹여 먹는데, 미군들이 정말 좋아합니다. 술 먹은 다음날 크림 스파게티로 해장하는 미군들답게 이 라면도 엄청나게 느끼합니다.

　코리안 프라이드 치킨! 맛도 평범하고 메뉴도 별거 없지만 젊음을 바친 군생활에서 잊지 못할 가게였답니다.

| 갔다왔어요 | **용산은 달라도 너무 달라**

용산은 전방 부대보다 음식이 훌륭하다고 했는데요, 실은 음식만 훌륭한 것이 아닙니다. 병원 시설이나 도서관도 굉장히 훌륭합니다.

한 여름에 대형 훈련이 있어서 MOPP(Mission Oriented Protective Posture: 임무형 보호태세)복을 입고 2주를 버틴 적이 있습니다. 이 옷은 최강의 화생방복인데, 한겨울에 알몸 위에 입어도 춥지 않을 정도입니다. 어느 날 미군에서 4단계를 발동했는데, 이것은 이 옷을 입고 방독면에 장갑, 장화까지 착용해야 하는 끔찍한 단계입니다. 지독하게 더운 여름날, 야외보다 5도는 더 높은 군용 텐트 안에서 2시간 동안 방독면 착용이라니. 전 결국 그날 호흡곤란과 탈수증세로 쓰러졌지요.

캠프 스탠리 병원에 갔다가 원인을 찾지 못하고 용산 병원으로 후송이 되었습니다. 머리가 깨질 듯 아파서 CT도 두 번이나 찍었는데, 다행히 한국계 군의관이 있어서 바로 원인을 찾았습니다. 이때 후송된 용산 미군부대 병원은 최고였습니다. 이 병원을 원투원 하스피탈(121 hospital)이라고 부르는데, 미드나 영화에서 보는 시설과 설비를 그대로 갖추고 있습니다. 용산 부대는 규모는 크지 않지만 주한미군 사령관을 비롯해서 수많은 별들이 상주하고 있기 때문에 의료진의 실력과 설비는 최고인 것으로 알려져 있습니다.

그리고 또 하나, 어느 정도 규모만 된다면 부대마다 도서관이 있습니다. 미국은 작은 타운마다 소규모 도서관들이 있어서 지역 주민들이 편하게 이용할 수 있고, 시설도 나쁘지 않습니다. 미군부대는 미국사회를 옮겨온 것과 마찬가지이기 때문에 부대 안에도 어지간하면 도서관이 있습니다. 미군부대 도서관도 역시 용산이 최고입니다.

그러나 다른 부대와의 격차는 병원만큼 크지는 않습니다. 다른 부대 도서관도 그리 나쁘지 않거든요. 용산의 도서관은 다른 부대보다 시설이 좀더 깨끗하고 분위기도 아늑합니다. 대학도서관이나 미국 부촌에 있는 도서관 같은 느낌입니다.

시설도 시설이지만, 용산은 MP들의 근무방식도 조금 다릅니다. 저는 최전방 MP여서 달랐지만, 카투사에게 운전을 시키지 않는 유닛도 있습니다. 카투사가 운전하다 사고를 내면 처리가 복잡해서라는 얘기도 있는데요, 사실 미군들도 이해 못하는 이상한 제한규정입니다. 물론 미군차량인 험비(HMMWV: High Mobility Multipurpose Wheeled Vehicle, 고성능 다목적 차량)나 트럭 등 전투용 차량은 원칙적으로 카투사가 운전하지 못하지만, 입대연도에 따라 다를 수는 있습니다. 험비 운전 정도는 카투사에게 시키는 경우도 더러 있습니다. 미군부대에 와서 미군에 대한 보충근무를 하는 것이 카투사이므로, 대형 전투차량을 운전하지 못하게 하는 것까지는 이해할 수 있지만 MP 순찰차(patrol car)였던 SUV나 세단도 운전할 수가 없다는 건 이상한 일입니다.

  카투사 헌병은 전임자가 교통사고를 내지 않았다면 순찰차를 몰 수 있지만, 사고를 종종 냈다면 소대장이 바뀌기 전까지는 조수석에서 운전도 못하는 미군들에게 운전대를 맡기고 불안해 해야 할 겁니다. 저 같은 전방 MP는 무조건 미군과 파트너가 되어서 순찰차에 반드시 2명씩 타고 다닙니다.

  그런데 용산 MP들은 카투사도 일정 계급이 되면 혼자서 차를 몰고 다니면서 순찰을 합니다. 용산이나 후방은 전투부대보다는 행정부대 위주로 편성되어 있어서 탱크나 장갑차 등 무기가 많지 않습니다. 따라서 전투부대 대원들도 숫자가 적어서 사고 건수가 많지 많습니다. 그래서 1인이 순찰차를 몰고 다닐 수가 있습니다.

  카투사 헌병으로 차출되었든 지원해서 뽑혔든 간에 운전면허증 취득과 탁월한 PT 점수는 필수입니다. 따라서 선임들이 교통사고를 내서 운전을 못하는 상황을 제외하고는 카투사 헌병이라면 전후방을 막론하고 운전을 해볼 수 있는 가능성은 있습니다.

  여기까지 다른 부대와는 달라도 너무 다른 용산 미군부대 이야기였습니다.

본격적인 군생활이 시작되다

★ **상병이 되기 전에 능력을 길러라**
  이병, 일병, 상병의 임무

★ **프라이빗 림의 범인 검거가 시작되다**
  카투사 일병 분투기

★ **카투사 헌병의 좌충우돌 사건일지**
  미군부대 험악 사건 총정리

★ **드디어 믿음직한 선임병장이 되다**
  SK로서의 새로운 생활

★ **후임의 편안한 복무환경을 보장하다**
  카투사 복지향상 프로젝트

상병이 되기 전에
능력을 길러라
이병, 일병, 상병의 임무

▎영어가 돼야 군생활이 편하다

여러 번 강조하지만, 카투사 생활에서 영어 실력은 아주 중요합니다. 영어를 곧잘 하는 사람도 미국 온갖 지역에서 온 미군들과 대화하는 것이 쉽지는 않습니다. 일단 듣는 것이 먼저 되어야 하니까 자대배치 받자마자 일병을 달기 전 초반 3개월이 특히 중요합니다.

이병(PV2, E2) 기간 동안은 미군들도 카투사를 배려해줍니다. 카투사 SK(선임병장)들도 신참들은 아직 군생활에 익숙하지 않으니 이해해달라고 미군에게 미리 얘기해놓지요. 그러나 일병(PFC, E3)으로 진급하면 얘기가 달라집니다. 몇 달 동안 부대에 있었고 유닛 돌아가는 분위기도 익혔고 미군과 관계도 쌓았으니 이 정도면 말도 적당히 알아들을 거라고 생각하는 것이죠. 미군에서 PV2는 PVT(무등병)와 동급으로 봅니다. 갓 신병훈련소를 퇴소했을 뿐인 애송이인 거죠. 그러나 미군이 PFC(일병)으로 진급하면 그때부턴 어느 정도 일을 맡깁니다. 카투사를 대할 때도 그에 준해서 대합니다.

그러니 입대가 결정된 카투사라면 일병으로 진급하기 전까지, 아무리 늦어도 일병 1호봉까지는 영어 알아듣기, 보직 이해하기, 지시받기, 작전

수행하기 등의 부대 적응을 해야만 합니다. 즉, 이병에서 일병으로 진급했으면 부대에 어느 정도 적응해서, 명령을 받으면 적당히 처리할 줄 아는 정도는 되어야 합니다.

그러니 말을 못 알아듣고 "What?", "Say again?", "Excuse me?", "Pardon me?"를 연발해서는 신뢰를 얻을 수 없습니다. 정확한 표현으로 똑 부러지게 말하고, 제대로 말했는데도 못 알아듣겠다고 장난치면 따끔하게 지적할 수도 있어야 합니다.

상병 이후 한두 달이 중요하다

정말 중요한 시기는 상병으로 진급한 이후입니다. 상병은 SPC(Specialist)와 CPL(Corporal) 두 가지가 있는데요, CPL은 NCO라고 해서 어느 정도 명령 하달의 권한이 있습니다. 분대장이 되는 겁니다. 미군은 대부분 SPC로 진급하지만, 카투사는 SPC라 하지 않고 CPL이라고 합니다. 따라서 미군들도 카투사가 CPL로 진급하면 처음에는 권위를 인정해줍니다.

그러나 조금 지나면 여러 교육을 받고 점수를 얻어서 진급하는 자기들과는 달리 카투사들은 시간만 지나면 CPL로 진급한다는 것을 알면 은근히 무시할 수도 있습니다. 그런데 이럴 때 기선을 제압해야 이후 생활이 편합니다. 상병 진급 이후 한두 달을 어떻게 보내느냐가 제대할 때까지의 군생활을 결정한다고 할 수 있지요. 일병 때부터 미군들과 원활한 관계를 맺어온 카투사들은 상병을 달아도 자연스럽게 리더십을 발휘합니다. 앞에서 설명한 BLC에서 교육받을 수 있으면 다행이지만 할당 인원이 너무 적어 가능성이 별로 없으므로 자대 내에서 리더십을 보여줘야 합니다.

▎ 선탑자 역할을 수행하다

상병부터는 선탑자(차량을 운행할 때 운전병 옆에 탑승하여 지휘를 하는 선임탑승자) 역할도 하게 됩니다. 미군차량인 험비는 좌우폭이 넓어서 조수석에 선탑자가 탑승하지 않으면 운행할 수 없는 것이 원칙입니다. 이 경우 조수석에 계급이 높은 사람이 타는데, 그 기준이 상병(CPL, 때론 인정받은 SPC)부터입니다. 따라서 카투사들도 상병이 되는 때부터 선탑자가 될 수 있습니다.

미2사단 전투부대 중에 보병 측에서 주로 운용하는 험비는 4인승으로, 탑승 시에는 운전병(Driver), 선탑자(Team Leader), 사수(Gunner), 패신저(Passenger)로 인원을 구성하는데, 카투사에게 운전을 맡기는 경우도 있지만 운전병은 대체로 미군이 맡습니다. 패신저는 신병이나 혹은 운전병과 선탑자 사이의 계급이 맡습니다. 상병이나 병장이 되면 선탑자가 될 수 있습니다. 그전까지 카투사는 패신저 아니면 사수입니다. 규정상 카투사는 험비 이상의 전투용 차량을 운전할 수 없기 때문이죠. 물론 이것은 전투부대인 경우입니다. 비전투부대에서는 험비에 탑승할 일이 없는 때도 많습니다.

탱크나 브래들리 장갑차 부대에 배치를 받으면 탄약수(Number one man), 전차장(TC), 사수(Gunner), 운전수(Driver)로 보직을 따로 받습니다. 전차장은 SGT 이상의 미군이, 운전수도 반드시 미군이 맡습니다. 카투사들은 대부분 안에 들어가서 탄약 장전과 발사를 책임지는 일을 맡지만, 몇 년 전부터는 사수로 선발되어 국방의 의무를 다하는 우수한 카투사들도 있습니다. 탱크의 사수가 되려면 전차장과 관계가 좋아야 하고 영어 실력에도 문제가 없으며 탱크에 대한 전반적인 이해도가 높고 탄약수나 운전수 등 부하사병을 통솔할 만큼의 능력을 가진 카투사 상병급이어야 합니다. 브래들리 장갑차에는 카투사들은 주로 승무원(crew)으로 탑승하게 되죠.

어쨌든 카투사도 상병 이상이 되면 미군 2~3명을 포함한 4인 한 팀을 이끌어야 합니다. 탁월한 리더십, 능숙한 무전기 사용, 훈련 내용 이해를 통한 전투력 확보, 원활한 의사소통 등의 능력을 보여주어야 합니다.

상병과 병장들이 모두 이런 능력 있는 모습을 보여주는 것은 아닙니다. 무능하면 선탑자를 맡기지 않으니 계속 패신저로 지내다가 제대할 수도 있습니다. 패신저로 탑승하면 별다른 임무가 주어지지 않기 때문에 몸은 편할 수 있지만, 한편으로는 무시당하게 되어 군생활이 편치만은 않습니다. 그러니 상병이 되기 전에 임무를 능숙하게 해낼 능력을 길러 두는 것이 좋습니다.

경례구호

한국군은 병 상호 간에 경례를 하고 다니지만, 미군은 장교(Officer)에게만 경례를 합니다. 한국군은 사단마다 경례구호가 있지만, 미군은 거의 경례구호가 없습니다.

제가 복무한 2사단은 "Second to None!"이라고 하며 경례를 했지만, 말은 안해도 됩니다. 대신 CSM, SGM, 1st SGT을 마주치면 인사 정도를 하고 지나가는 것은 기본 예의입니다. 다음과 같이 하시면 됩니다.

"How are you doing, CSM(SGM, 1st SGT 등 계급을 불러줍니다)!"

"Good morning, CSM(SGM, 1st SGT)!"

인사를 하지 않으면 높은 하사관 아저씨들이 사병을 불러 세웁니다. 인사하고 다니라고요. 경례를 하면 오히려 불편해하지만 인사는 해야 합니다. 카투사한테까지 싫은 소리는 안 하지만 우리는 동방예의지국의 군인이니까 잘하는 게 좋겠지요.

프라이빗 림의 범인 검거가 시작되다
카투사 일병 분투기

▎미군들이 나를 다시 보게 한 미군 난동 사건

서양 사람들 사이에서 조용히 지내는 것은 좋지 않습니다. 한국 사람들은 조용히 있으면 진중하다, 멋지다, 남자답다, 뭔가 있는 것 같다, 믿음이 간다 하면서 좋게 보지만 서양에서는 그렇지 않습니다. 자기 의견을 제대로 말할 줄 모르는 얼간이 취급받기 십상입니다. 처음에는 조용히 있으면 와서 일단 말을 시킵니다. 이때 말도 잘 못하고 못 알아듣는 것으로 판명나면 앞으로의 군생활이 어려워집니다.

말수가 적은 저도 예외는 아니었습니다. 제 선임도 조용히 있으면 미군들이 이상하게 생각하니까 말을 많이 하라고 충고하더군요. 이렇게 미군들 사이에서 저에 대해 안 좋은 선입견이 생기는 기류를 느끼고 있을 때, 마침 제 이미지를 바꿔줄 사건이 하나 터져 주었습니다.

일병 진급을 눈앞에 두고 있던 어느 주말, MP 근무 중이었습니다. 주중에는 미군 한 명, 카투사 한 명으로 구성된 1개 팀만 순찰을 돕니다. 하지만 주말이 되면 2개 팀과 담당 미군 하사관까지 붙습니다. 미군 하사관은 대체로 빌(ville: 부대 주변에 주민들이 사는 마을을 말합니다. 외국인 전용클럽들이 있어서 순찰을 돌아야 합니다. 그 클럽에 오프를 즐기는 미군들이 가득하기 때문에 사고가 많이 납니

다) 근무를 지원하기 위해 나와 있습니다. 사병들만으로 험악한 일을 다루기에는 한계가 있기 때문입니다. 장교나 하사관급들도 사고를 치거든요. 그날 저는 PMO(헌병대)에서 나갈 준비를 하고 있었는데, 게이트에 나가 있던 패트롤 1팀에게서 연락이 왔습니다. 미군 녀석 하나가 난동을 부리고 있으니 와서 지원하라고요. 하필 마침 순찰차가 없어서 저와 미군 여군은 게이트까지 1km를 열심히 달려갔습니다. 허리 뒤에 무전기, 오른쪽에는 실탄이 장전된 권총, 왼쪽에는 곤봉을 달고 1km를 달리는 것은 그리 쉽지 않습니다. 여하튼 그렇게 달려가니 술 취한 미군 녀석이 난동을 부리고 있더군요.

PMO까지 데려가려니 수갑을 채워야 했습니다. 190cm는 돼 보이는 놈이 술에 완전히 취해 길길이 날뛰고 있었으니까요. MP 네 명이 출동했지만 미군 한 명은 여자였고 또 한 명은 갓 전입온 새파란 신입이어서 진압이 쉽지 않았습니다. 결국 노련한 SK(선임병장)가 다리를 걸어 그놈을 넘어뜨려 올라타서 머리를 무릎으로 누르고 나머지가 합세해서 겨우 수갑을 뒤로 채워서 압송했습니다. MP 배치 받고 처음 겪는 살벌한 체포의 현장이었습니다. 두 팀 중에 저희가 계급이 낮아서 압송은 저와 파트너인 미군 여군이 맡았습니다. 문제는 여기서부터였습니다.

MP 4명이 달려들어서 겨우 체포했을 정도로 건장한 놈이 술까지 잔뜩 취했으니 걸어가면서 순순히 협조할 리가 없죠. 틈만 나면 우리를 밀쳐내고 툭툭 치면서 성질을 건드립니다. 저도 키 184cm에 덩치가 있는 편인데 이놈은 저보다 키도 크고 힘도 만만치 않았습니다. 하지만 저도 힘에서는 밀리지 않는 편이라 같이 힘으로 응대해주었습니다. 그렇게 겨우 PMO까지 와서 한숨 돌리는데 마지막으로 한 번 더 발악을 하더군요.

PMO 건물로 들어가기 위해서 건물 문을 통과할 때였습니다. 문이 좁으니 이놈을 연행하던 우리도 조금 물러날 수밖에 없었는데, 이때를 틈타 또 한번 우리를 밀쳐냅니다. 제 인내의 한계는 거기까지였습니다. 저는 그 녀석을 집어던졌고, 그 녀석은 몇 미터 날아가더니 PMO 벽에 "쿵!"하고 부딪치면서 벽에 사람만 한 구멍을 냈습니다. 전 깜짝 놀랐습니다.

'이거 어쩌지, 내가 부순 게 되는 건가? 나 어떻게 되는 거 아냐?' "쿵!" 소리와 발악하는 소리, 그리고 제 고함소리에 당직 하사관이 뛰어나와서 인계받으며 저를 말리고, 여군은 놀라서 쳐다보고 하는 와중에 일단 그 녀석을 철창에 넣는 것으로 상황은 끝났습니다.

그 녀석은 어떻게 됐냐고요? 제가 뒤집어쓰는 것이 아닌가 걱정했던 공공기물 파손죄를 그 녀석에게 적용해서 본국으로 송환시켰습니다. 깔끔한 결말이지요. 구멍 난 벽면은 새로 수리해서 페인트칠하니 다시 새것 같이 되었습니다.

그 일 이후로 저의 과격한 면모를 본 미군들이 여기저기 소문을 내주었습니다. 얌전히 있는 것보다 다소 거칠게 구는 걸 좋아하는 미국애들의 구미에 딱 맞았던 사건이었기 때문에, 한동안 미군들과 카투사들이 저에게 와서 웃으면서 한마디씩 하더군요.

"오, 임 일병, 잘했어. 대단한데."
그때부터 미군들이 저를 보는 눈빛이 달라졌습니다. 그리고 이후로도 험악한 진압이 특기인 임 일병의 활약 아닌 활약이 이어집니다.

▲ 뒤에 보이는 벽면이 제가 부숴버린 벽입니다. 기념하려고 나중에 찍은 사진입니다.

카투사 헌병의
좌충우돌 사건일지
미군부대 험악 사건 총정리

미군 잡는 카투사 헌병이 되다

카투사 MP로 제가 경험한 미군 범죄 사건들이 모두 험악했던 건 아닙니다. 정말 단순한 일도 많이 합니다. 각 부대마다 게이트를 통과하는 차량 번호를 일일이 체크해서 일지를 만드는 일도 카투사 MP가 합니다. 택시비를 내기 싫어서 부대 안으로 도망간 미군을 잡고 택시 아저씨의 분노를 가라앉혀 드리는 일도 카투사 MP의 몫입니다. 외부 훈련이 있을 때는 TC(교통정리)를 해야 하는데, 그때 짜증내고 고함치는 지역 주민들의 말씀을 들어드리는 것도 카투사 MP가 감내해야 할 몫이지요.

부대 내에서 하는 일은 단순한 편입니다. 경찰들이 지역을 순찰하듯이 부대 내에서도 MP들이 순찰을 합니다. 부대 철책을 경비하는 일은 한국 용역회사에 일을 맡기기 때문에 한국 아저씨들이 초소에서 경비를 섭니다. 그 아저씨들(SG: Security Guard)을 관리 감독하는 일도 MP가 합니다.

낮에는 문제가 없지만 밤에 SG가 잠을 자고 있지는 않은지, 무기 관리(실탄을 가지고 근무합니다. 무서운 직업이지요)는 제대로 하고 있는지, 초소에서 뭘 먹고 있는 건 아닌지 등을 불시에 점검합니다. 적발되면 지적할 수밖에 없고 역시 일지에 기록합니다.

이런 일상적인 업무야 그리 궁금하지 않으실테니, 그 외에 기억에 남는 특별한 사건을 몇 개 소개하려고 합니다.

대부분의 카투사들은 험악한 사건을 만날 일이 거의 없습니다. 한국군에서는 고압적 분위기와 스트레스로 인해 안타깝게도 자살사고나 총기사고가 가끔 일어나지만, 카투사에는 자살도 총기사고도 없습니다. 최전방 부대나 사격장에서를 제외하고는 실탄을 휴대하고 근무할 일이 없으니까요. 아주 드물게 필드에서 차량사고를 당하는 경우는 있습니다.

그러나 전 파견소대 전투 MP다보니 험악한 케이스를 몇 번 겪었습니다. 폭행이나 절도(주로 택시 타고 왔다가 택시비 안 내고 부대 안으로 뛰어들어가 버리는 녀석들), TA(미군 차량과 한국 차량과의 접촉사고) 등은 일일이 나열하기 힘들 정도입니다. 다른 MP들도 이 정도 사건은 겪어 봤을 겁니다. 하지만 권총 살해사건, 핵 관련 의심사건 등은 듣기에도 좀 살벌하죠?

MP 스틱으로 때려눕히다

MP는 순찰 중에 누군가 앞에서 뛰어가기 시작하면 무조건 쫓아가야 합니다. 무슨 일이 벌어진 건지 알 수 없기 때문입니다. 따라서 MP 앞에 누가 뛰어가면 그 사람에게 멈추라고 소리칩니다. 멈추면 다행이지만, 흘끗 보고 도망가면 끝까지 쫓아갈 수밖에 없습니다. 대체로 이런 일은 빌에서 도보 순찰 중에 생깁니다. 빌에 놀러나가 있는 미군들은 사복차림에 운동화를 신고 있습니다. 하지만 근무 MP들은 군화에 군복, 허리에는 무전기와 오른쪽엔 실탄 장전 베레타 권총, 왼쪽엔 MP 스틱(곤봉), PR24를 차고 있는 상태입니다. 게다가 제가 있던 부대 밖의 빌은 언덕이었기 때문에 이 언덕을 뛰어올라가서 쫓아가는 건 여간 힘든 일이 아니었습니다.

일병 말호봉쯤 되었을 때 첫 추격전이 있었습니다. 제 파트너는 당시 SPC여서 저보다 한 계급 위였지만 제가 달리기가 빠르니 먼저 쫓아가라고 하더군요. 열심히 쫓아가서 겨우 막사 뒤에서 아닌 척 앉아 있는 녀석을 발견했습니다. 파트너도 없이 용의자와 대치하게 되었던 것이죠.

권총이 있었지만 함부로 뽑았다가는 뒷감당이 힘들기 때문에 뽑을 수가 없었습니다. 권총이 아니라면 차선책은 MP 스틱을 꺼내는 것입니다. MP 스틱은 권총에 비해 제약 없이 사용할 수 있는데, 도주하던 용의자가 반항하면 휘두르고 싶은 대로 휘둘러도 됩니다. 물론 제압하기 위해서 타격하는 부위는 따로 있습니다. 무릎과 발목 사이의 뼈인데, 이 부위는 아무리 세게 쳐도 잘 부러지지 않습니다. 저는 곤봉을 꺼내들었고 몇 분 후 파트너가 도착해서 저를 말렸지요. 이 사건으로 또 한번 미군들은 임 일병에게 환호를 보내주었답니다.

MP 살인사건

상병이 되었을 때 초대형 사건이 하나 터졌습니다. 미군에서는 거의 없는 사고, 바로 총기사고가 옆 부대에서 터진 겁니다. 한국군에서의 총기사고는 자주 보도되지만 미군 내 총기사고는 정말 듣기 어렵습니다. 있는데 쉬쉬하는 게 아니고 그런 일 자체가 없기 때문입니다. 미군은 총기보관이 철저해서 실탄을 휴대한 상태에서 부대 안에 있을 수가 없습니다. 일반 미국민은 총기 소유가 수정헌법에 보장이 되어 있지만 군인은 총기를 개인적으로 소지할 수 없게 되어 있지요.

그런데 이런 미군 내에서 총기사고가 났으니 한국 공중파에서도 실시간으로 보도할 정도로 큰 이슈가 되었죠. 어찌 된 일인지 얘기해볼까요. 어느 한적한 날 새벽 3시. 일과를 마치고 곤히 자고 있었습니다. 그런데 누군가 제 방문을 미친 듯이 두들기더군요.

"Alert! Get up! Report to the PMO!"(비상! 일어나! 헌병대로 가라!)

라우 상병(SPC Rau)이였습니다.

MP는 보직 특성상 대체로 비상이 언제 걸리는지 미리 압니다. 그런데 그날은 정해진 비상이 아니었습니다. 그 녀석이 흥분하면서 자초지종을 설명하더군요.

"옆 부대에서 미군 한 녀석이 카투사 한 명과 미군 한 명을 쏴 죽이고 수류탄과 총기를 탈취해서 도망쳤어!"

막사에서 잠자고 있던 MP 전원이 전투복과 근무 완장을 차고 5분도 안 되어 PMO로 달려갔습니다. 당직 미군 하사가 집합한 전체 MP에게 권총과 실탄을 지급해주더군요. 이런 일은 처음이었습니다.

"옆 부대 헌병대에서 미군 일병이 근무 중이던 카투사 헌병을 때려눕히고 권총을 빼앗아서 헌병대 하사관을 총으로 쏴 죽이고 순찰차를 탈취해서 도주했다."

카투사 헌병은 다행히 목숨을 잃지는 않았습니다. 얘기인즉슨, 미군 MP 하나가 술에 많이 취해서 헌병대 상사에게 대들었고, 상사가 방에 들어가서 정신차리고 있으라고 했던 모양입니다. 이 말에 화가 많이 난 범인이 권총을 난사해서 상사를 죽이고 도망간 것입니다.

그 부대 헌병대는 당시 전투헌병이 아니었는데, 부대인원도 적고 전투부대도 없어서 일단 우리 쪽에서만 20명 정도의 MP가 투입되었습니다. 살인사건 현장(즉, 시체)을 지키고, 범인이 지내던 막사 주변을 지키고, 게이트를 지키고, 길목을 지키는 식으로 배치를 받았습니다. 전 다행히 막사 주변에 배치를 받아서 시체를 보는 일은 없었습니다.

"범인은 범행현장에 돌아오기 마련이다. 혹시 모르니 현장을 지켜라."

"만약 돌아오면 어떻게 합니까? 쏴도 되는 겁니까?"

"군인에게 경고사격은 없다. 그냥 쏴라."

살벌한 명령이었습니다. 하지만 범인이 바보가 아닌 이상 자기가 살인사건을 벌인 부대로 돌아와 게이트를 통해서 자기 막사로 다시 가겠습니까? 그래도 돌아온다면 쏴 버리고 조기 제대할 수 있는 건가, 이런 저런 생각을 하면서 지켰던 기억이 납니다.

엄청난 사건이었기 때문에 당시 공중파를 통해 범인의 사진과 수사상황을 계속 보도했는데, 다행히 사건 당일 부산 인근에서 주민의 제보로 범인이 잡혔습니다. 체포 당시 별 저항 없이 투항했다니 정말 다행이었습니다. 꼬박 하루를 잔뜩 긴장한 가운데 밥도 못 먹고 보냈던 제 군생활 최대의 사건이었습니다.

미군장교 부하 폭행사건

조금 황당한 사건도 하나 있었습니다. 근무 중에 다른 유닛에서 신고전화가 들어왔습니다. 유닛에서 폭행사건이 있으니 출동해 달라고요. 도착하니 미군 상관(중위)이 난동을 부리면서 미군 부하를 때리고 있었습니다. 미군 장교가 사병을 때리다니, 드문 일이라 황당하더군요.

장교는 얼굴이 시뻘게져서 아직 분이 풀리지 않은 표정이었고, MP들이 있으니 더는 못 때리겠고, 이러다 체포당할 것 같고, 복잡한 심경이 느껴지더군요. 장교가 헌병대에 끌려가면 경력에 치명적이니까요. 장교도 진정하면서 별일 아니라고 하고 맞은 사병도 고소하지 않겠다고 하니, 정리하고 그냥 나왔습니다. NCO라면 당장 끌고 갔을 텐데 장교라서 체포하기가 쉽지 않았습니다. 좀 어처구니 없는 사건이었죠.

이때 답답했던 건 그 유닛에 카투사 상병과 병장들이 여럿 있었는데 도무지 영어를 못했다는 겁니다. 미군이 하는 말을 못 알아듣고 어색한 미소만 짓고 있더군요. 다른 유닛 일병인 제가 나서서 통역을 해줘야 했을 만큼 그들의 영어 실력은 기대 이하였습니다. 카투사로 2년 동안 군생활을 보내게 되었다면 기본적인 의사소통을 할 정도의 영어 실력은 키워야 하지 않을까 싶습니다.

▌ 핵 관련 의심사건

한반도에 핵무기가 있는지, 이것이 필요한지에 대한 논쟁과는 아무 관계가 없습니다. 대신 이 사건은 다소 해프닝에 가까웠다는 것을 먼저 말씀 드리고 시작하죠.

순찰을 거의 마치고 교대시간이 한두 시간 남은 시점이었습니다. 즉, 배가 고파질 시간이었죠. 헌병대로 전화가 한 통 들어왔습니다. 부대 안 쓰레기통에 누가 뭔가를 휙 던져 넣고 사라졌는데 그 물건이 좀 수상하다는 겁니다. 그 사람의 주장으로는 옆 부대에서 핵 관련 물질이 사라진 일이 있었는데, 자기가 보기엔 그것이 아닌가 한다는 거였죠. 영화도 아니고 좀 황당한 전화였습니다.

그래서 헌병대에서도 그 사건을 그렇게 심각하게 다루지 않았습니다.

그래도 신고가 들어왔으니 주변에서 쓰레기통을 뒤지며 한두 시간 수색하다가 헌병대로 복귀했습니다.

정말 심각한 일이라면 MP들과 CID(범죄수사대)뿐만 아니라 핵물질을 담당하는 전문가까지 나섰겠지만, 근무 MP 이외에는 투입된 인원도 없고 잠시 후 상황 해제되었던 웃지 못할 해프닝이었습니다.

드디어 믿음직한 선임병장이 되다
SK로서의 새로운 생활

1인 1실을 배정받다

어리숙했던 이병 시절, 유닛 돌아가는 사정이 조금 보이기 시작하는 일병 시절을 지나 상병(CPL), 그리고 병장(SGT)이 됩니다. 저는 BLC(WLC)를 수료하지 않았음에도 불구하고 본격적인 NCO로서 아무 문제없이 부대에서 적응하고 미군들과 좋은 관계를 유지하고 지냈죠. 미군과의 관계도 좋고 영어도 문제가 없어 인정받는 SK(선임병장)였던 제 바로 윗선임 2명이 제대 준비기간(clearing)에 들어가서 드디어 제가 SK가 되었습니다.

▲ 방문 앞에 붙어 있던 제 이름표입니다. 유닛마다 양식은 다릅니다.

SK가 되면 제일 먼저 달라지는 것은 방입니다. 미군부대 막사는 한국군과 달리 대부분 2인 1실을 사용합니다. 이병과 일병 때까지는 2인 1실로 방을 쓰다가 상병이 되면 NCO라고 혼자 방을 쓰게 해줍니다. SK가 되면 더 크고 좋은 방을 배정해주고요. 제가 있을 때는 MP 막사가 너무 낡고 좁아서 모두 2인 1실로 쓰고 SK와 미군 NCO들만 방을 혼자 썼습니다. 제가 제대하자마자 막사를 새로 지어서 옮겼다고 하더군요. 하지만 일부 캠프는 NCO나 심지어 SK도 2인 1실을 사용하는 경우도 있습니다. 아무튼 SK는 일반 방보다 좋은 방을 배정받습니다.

▲ 막사와 방

새로운 시도를 하다

'SK가 되면 이것도 해보고, 저것도 해봐야겠다. 마음에 안 드는 부분도 내가 해결해봐야지.'

'이제 나도 곧 제대니까 제대로 공부나 좀 해볼까?'

'SK 기간 동안 아무 사고 없이 무사히 지나가기만 기도해야지.'

이런저런 생각을 하면서 SK로 올라가게 되었습니다. 당시 MP 중대는 카투사만 50명, 미군은 200명 정도 되는 규모였습니다. 중대 SK는 일이 많을 뿐더러 업무 자체도 복잡합니다. 물론 중대 안에 4개 소대가 있어서 각 소대의 SK는 따로 있었죠. 제가 근무하고 있던 파견소대는 총 30명밖에 되지 않는 작은 부대였지만 관할 부대는 너무나 많았습니다. 그래서 제가 이십 개도 넘는 부대들을 돌아다닌 것이지요. 카투사 숫자가 적다보니 잘못하다가는 미군들에게 무시당하거나 미군들이 하자는 대로 할 수밖에 없는 상황에 놓이기도 합니다.

미군이 많으면 카투사들이 마땅히 누리도록 되어 있는 혜택을 알게 모르게 빼앗기는 일들이 있습니다. 예를 들어서 이런 것들이지요.

첫째, 카투사들이 모두 모여서 무언가 하려고 하면 이런 말들을 합니다. "그런 게 어딨어, 너네들 미군 소속 아냐?"

카투사는 미군 소속이 아닙니다. 미군과 한국군 사이에 완충 역할을 하라고 미군부대 안으로 배치를 받았을 뿐 엄연한 한국군입니다.

둘째, 카투사 SK가 되어서 PT라던가 사역(detail), 순찰에서 빠지려 하면 이렇게 말합니다. "말도 안 돼. SK가 되었으면 모범을 보여야지, 그걸 왜 안 해?"

맞는 말이기는 하지만, 하란대로 다 하다가는 카투사로서의 권위와 지위는 없어지고 미군 휘하에 있는 사병으로 전락할 위험이 있습니다.

셋째, 한국 공휴일에 쉬려고 하면 미군들은 또 이렇게 말하죠. "너희는 왜 미국 휴일, 한국 휴일 다 쉬냐? 그러면 일과시간에 좀더 일해야 되는 거 아냐?"

한국 휴일과 미국 휴일에 모두 쉬는 것은 규정에 의거한 것입니다. 카투사는 미군부대에 배치받아서 미군과 함께 복무를 하고 있으니까 미군이 쉬는 미국 휴일에는 같이 쉬고, 동시에 엄연히 한국군이니까 한국 휴일에 쉬는 것은 당연하지요.

상병이 되었으니 카투사 처우에 관한 이런 크고 작은 트러블을 해결하고 싶었고, 최소한 저부터 좋은 사례를 만들어 놓으면 앞으로는 좀 달라지지 않을까 하는 작은 기대를 가지고 여러 일들을 시도했습니다.

특별임무와 순찰에서 빠지다

카투사 SK가 되면 왼쪽 가슴 주머니에 있는 단추에 부착하라고 SK 명찰을 받습니다. 별것 아니지만 달고 있으면 뿌듯합니다. 논산훈련소에서 이병 계급장을 달았을 때도 뿌듯했는데, 그때보다 더 좋았던 것으로 기억합니다. SGT가 되어야 받을 수 있고, 모든 SGT(병장)가 SK(선임병장)가 되는 것도 아니기 때문이겠지요.

▲ 다양한 SK 명찰

SK가 되려면 카투사는 물론이고 미군에게도 인정받아야 합니다. 영어 실력은 기본이고 BLC 출신이면 더 좋지요. 추천이 올라가면 미군 측에서도 승인해줍니다. 그러면 한국군 지원대장과의 절차가 끝나고 본격적으로 SK로서의 근무가 시작됩니다.

제가 SK가 돼서 처음 한 일은 2주 단위로 교대하는 순찰과 사역에서 완전히 빠진 일입니다. SK가 되니 미군들이 축하해주면서 하사관들이 묻더군요. SK가 되면 순찰이야 그렇다 해도 사역에서도 제외냐고요. 당연히 대답해주었지요.

"날 빼고 스케줄 짜세요."

유닛에 따라 훈련에 따라가거나 사역을 함께 하는 곳이 있습니다. 선임 중에서도 그런 경우가 있었고요. 그 SK는 자발적으로 훈련에 나가고 사역을 하고 싶었을지는 모르지만, 후임들과 유닛 카투사들의 복지를 위해서라도 SK는 그런 일에서 빠지는 것이 좋습니다. 그래야 미군들이 "아, 카투사들은 건드릴 수 없는 자기들의 영역이 있구나"하고 자연스럽게 인식하게 되지요.

순찰근무도 나가지 않고 여러 잡일을 하는 사역에서도 빠진 것은 좋지만 가끔씩 위기도 있습니다. 훈련 일정이 틈틈이 나오거든요. 한미연합훈련, 중대 훈련, 소대단위 훈련, 타 부대 훈련 지원업무, MP만의 훈련 등 훈련이 꽤 많습니다. 어느 분대가 훈련에 따라가고 어느 분대가 부대에 남아있을지 별 문제없이 결정되면 괜찮습니다. 그러나 아프다던가 휴가를 갔다던가 사격장에서 통과를 못했다던가 해서 누군가 못 나가는 일이 생기면 대신하라는 듯 슬그머니 저를 쳐다보곤 합니다. 이럴 땐 단호하게 얘기합니다.

"난 아니야. SK는 그런 일 하는 게 아니라고."

제가 있던 중대는 지금은 편제가 조금 바뀌었지만 당시에는 2개의 파견소대가 있었습니다. 의정부와 파주에 하나씩 있었지요. 파주에 있는 MP 소대가 훈련을 나가면 우리가 그쪽에 가서 지원근무(backup)를 해줍니다. 순찰이 필수이기 때문에 그 일을 맡아서 해주어야 합니다. 그러면 우리 부대에도 사역은 없어지고 남은 절반의 인원이 순찰에 투입됩니다. 사역이라는 게 정말 티도 안 나고 짜증나는 일이기 때문에 순찰 들어가는 것이 훨씬 낫습니다. 그럴 때도 어김없이 미군 NCO들은 제 얼굴을 봅니다.

"임 병장, 지원 갈 거지?"

"내가 왜 가? 난 SK야, 여기서 해야 할 일이 많아. SK는 늘 자리를 지키고 있는 거야. 너희는 모르는 카투사만의 일이 있다구."

카투사의 복지 향상을 위해서 저는 절대로 응하지 않았답니다.

후임의 편안한 복무환경을 보장하다

카투사 복지 향상 프로젝트

▌ 루프 병장을 제압하다

일병(PFC)에서 상병(CPL)으로 진급하면서 전 작정하고 미군들보다 카투사가 낫다는 것을 보여주고자 애를 썼는데요, 이제 병장이 되면서 또 하나 마음먹은 것이 있었습니다. 바로 카투사들이 보다 편안한 환경에서 복무할 수 있는 풍토를 조성해놓겠다는 것이었습니다.

당시 미군 SGT 중에서 루프(Loop)라는 병장이 있었습니다. 나쁜 놈까진 아니었지만 실실 웃으면서 미군과 카투사를 동시에 괴롭혔던 좀 이상한 아저씨입니다. 미군은 2년이면 상병까지 진급하고, 각종 시험과 진급 포인트를 쌓아야 하지만 4~5년 정도면 병장 진급이 가능하니까, 미군 병장이면 대부분 20대 중후반입니다. 20대 초반에 병장을 다는 한국군과는 다르죠. 그런데 이 루프 병장은 진급에 문제가 생겨서 30대에도 아직 SGT, 병장이었습니다.

여하간 이 루프 병장은 사실 사람은 좋은 편이라고 할 수 있는데, 문제는 리더십이 없고 사병들을 못살게 굴었습니다. 미군 사병들과 카투사들을 차별 없이 못살게 굴었으니 그나마 다행이랄까요.

사격장에 갔다 오면 모든 군인들이 그렇듯 총을 닦아야 합니다. 돌아와서 총기를 보관하고 있는 헌병대에 와서 전 소대가 쭈그리고 앉아 총기를 닦습니다. 그날 당직 하사관이 루프 병장이었는데요, 총기를 총기실(Armor room)에 넣기 전에 일일이 햇빛에 총신을 비춰보면서 검사를 하더군요. 어느 정도면 그러려니 이해하겠는데 1~2시간을 공들여 닦고 들고 가도 특별한 이유 없이 계속 다시 시키는 겁니다.

부당하다 싶어서 저는 잠깐 닦고 보여주고 또 잠깐 닦고 갖다 보여주고를 몇 번 했더니 결국은 그냥 받아주더군요. 당시 제 계급도 병장이었기에 할 수 있는 도전이었죠. 배짱 있는 행동을 좋아하는 미군 사병들은 역시 저를 응원해주었습니다. 미군 PV2, PFC들은 SGT에게 그런 도전을 할 수 없거든요.

이때는 그냥 보이지 않는 시위를 했다면, 제대로 한방 먹인 사건도 있었습니다. 제가 병장을 달고 나서 한 달이 채 되지 않은 어느 날, 막사에 있는데 이 루프 병장이 또 저를 건드리길래 복도에다 대고 냅다 소리를 질러줬습니다. 사실 별 소리는 안 했습니다. 그냥 아주 큰 소리로, 짜증을 섞어서 소리쳤죠.

"Hey, Loop!"

이게 뭐 대단한 일이냐고 할 수도 있겠지만, 군대에서 계급 없이 이름만 부르는 것은 문제가 될 수도 있습니다. 저도 같은 계급이었으니 그나마 양해해줄 만은 했겠지요. 어쨌든 그 소리를 듣자마자 미군과 카투사들이 모두 방에서 고개를 내밀고 제 방으로 와서 엄지손가락을 치켜들었습니다. 그런 대접 받겠다고 소리지른 것은 아니었지만 결과는 바람직했습니다. 미군 사병들이 다시 한번 임 병장을 좋게 보게 되었고, 루프 병장도 카투사들을 덜 괴롭히게 되었으니까요.

SK는 PT에서 제외시키다

미군도 사람이 있는 곳이므로 당연히 PT와 PT 포메이션(집합: fall-in) 열외는 가능합니다. 그 기준은 한국군과 별반 다르지 않습니다. 아프거나 휴가 중이거나 하면 당연히 열외 대상입니다. PT가 있는 시간에 근무 중이어도 나갈 필요 없습니다. 하지만 그런 경우가 아니라면 PT 포메이션에는 나가는 것이 보통입니다. 포메이션에도 못 나갈 만큼 아프다면 병원으로 후송되지만, 다리가 부러진 정도라면 포메이션에 나가서 소대(중대)원들이 PT할 때 옆에서 보고 있으면 됩니다. 사회가 아니라 군대니까요.

그런데 좀 애매한 경우가 있습니다. 근무가 오전 6시에 끝났다, 그날 오프라서 막사에서 놀고 있다, 3교대 근무라 오후 12시나 2시부터 근무가 시작된다, 난 SK다, 중대본부(우린 의정부에 있었고 중대는 동두천)에 보고하러 가야 한다, 난 말년이다, 이런 상황이면 결정이 어려워집니다. 이럴 때는 대체로 PT에 안 나가도 양해가 됩니다. 그러나 엄격한 유닛이라면 봐주지 않죠. 이 모든 것은 그 유닛의 하사관(Sergeant)이나 장교에게 달려 있습니다.

제가 SK를 하기 전까지는 선임 SK들도 모두 PT에 나갔습니다. 그러나 제가 만들어 놓은 "아름다운(?)" 전통으로 인해 제 후임 SK들은 모두 PT에서 빠지게 되었죠.

제가 있던 유닛은 의정부에 파견 나와 있는 파견소대였습니다. 따라서 일주일에 한번이나 2주, 혹은 1개월에 한번씩은 동두천 중대에 있는 한국군 지원대장에게(보통 한국군 상사나 대위 정도의 계급이 미군부대에 상주하면서 카투사를 도와줍니다) 보고하러 가거나 정훈교육 등을 받으러 가야 할 일이 있습니다. 저는 그런 일들을 핑계로 PT 시간이 되면 방문 앞에 '나 케이시(동두천)

간다'고 붙여두고 방에서 숨어 있었죠. 처음엔 정말 간 것처럼 화장실도 숨어서 다니고(우리 막사는 화장실이 막사 중간에 공용으로 있었거든요) 밥도 아무도 안 볼 때 먹으러 다녔습니다. 이 밖에도 다양한 구실이 동원되었죠.

"오늘은 카투사들도 함께 가야 한다. 너희들이 알아서 해라."

"주말에 SK 찾지 마라. 업무시간에만 찾도록 해."

소대 카투사들이 한꺼번에 빠지는 것은 문제가 되기 때문에 자주 하지는 못했지만, 그래도 같이 갈 때도 있어야죠. 당연히 중대에서 '실제로' 부르면 당연히 갑니다. 그런데 중대에서 하는 일이라는 게 하루종일 걸리지는 않습니다. 보통 2~3시간 일처리 하면 끝납니다. 캠프 케이시에서 볼일을 마치고 다시 의정부로 복귀하면 오후 2시밖에 안 될 때도 있습니다. 그때 부대로 들어오면 당연히 일을 해야 합니다. 그러니 바로 돌아가지 않고 시내에서 소대원들과 친목도모를 하기도 했지요. 옳은 일은 아닐지 모르지만, 미군에게 휘둘리지 않기 위한 저 나름의 방편이었습니다. 이 전통은 제 선임, 저, 그리고 이어서 후임에 이르기까지 꾸준히 이어졌습니다. 물론 대부분의 카투사들에게는 불가능한 일입니다. 저희는 파견소대라 가능했던 일이지요.

어쨌든 좀 지나서는 매일 숨어 있을 수도 없기 때문에 대놓고 "SK는 처리해야 할 사무가 많으므로 PT 포메이션에 나가지 않는다"는 말도 안 되는 얘기를 둘러대며 마지막 군생활을 여유 있게 마쳤습니다.

소대 선임하사(대체로 SFC)나 소대 LT(소위나 중위)가 바뀔 때에도 이 부분을 제대로 가르쳤습니다. 카투사 SK는 건드리지 말라고요. 그랬더니 그 뒤부터는 선임하사와 소대장이 바뀔 때 아예 그 내용을 인수인계 해주고 가더군요. 단 한 명의 LT만 좀 힘들었습니다. 꽤 많은 장교들이 ROTC 출신입니다. 그런데 간혹 미육군사관학교(West Point Academy) 출신이 부임해

오면 SK라도 그런 게 어딨냐고 따지더군요. 그래도 저는 꿋꿋이 말해주었죠.

"SK는 그런 거다. LT가 이제 갓 군대 오고, 한국에서 미군과 카투사와의 관계를 아직 잘 몰라서 그래. 원래 그런 거니까 잘 배우도록 해."

PT를 나가지 않더라도 PT 테스트는 받아야 합니다. 어차피 해오던 것이 있으니까 통과는 어렵지 않습니다.

제대 후에도 후임들을 꾸준히 만나고 있는데 모두 고맙다고들 하더군요. 제 뒤를 이은 SK들도 모두 임 병장이 만들어 놓은 규칙을 따르면서 PT에 나가지 않고 사역에서도 빠졌다는 훈훈한 소식입니다. 완전한 독립성을 가지고 제대 직전 편안한 몇 달을 보냈다니 다행한 일이 아닐 수 없습니다. 그래서 제가 바람직한 카투사 문화 정착에 큰 힘 보태고 나왔다고 나름대로 자부하고 있답니다.

| 갔다왔어요 | **미군 사이에서 인정받기**

"미군에게 왜 인정을 받아야 돼? 꼭 그래야 돼?"

이렇게 물으신다면 제 의도가 잘못 전달된 것 같군요. 그네들에게서 인정받는 것이 중요한 것이 아니라, 2년이라는 시간 동안 존중받으면서 근무하자는 것이 제가 하고 싶은 얘기거든요.

누구나 신참으로 들어와 조금 지나 일병(PFC) 계급장을 달고, 또 상병(CPL)이 되고, 머지않아 병장(SGT)이 됩니다. 그러나 그저 시간 보내다 제대하는 사람과 진급에 따라 군인으로서 발전된 모습을 보이고 아쉬움 속에 헤어지는 사람, 어떤 사람이 되고 싶은지는 여러분들이 판단하시면 됩니다. 미군 사이에서 인정받고 더 나아가 존경까지도 받게 되는 군복무라면 가치 있지 않겠습니까?

제가 있던 MP소대는 Line platoon / Outline, 즉 파견소대였습니다. 파견소대는 한국군 지원단에서 나온 상사나 장교가 없기 때문에 잘못하면 카투사들이 홀대당하기 쉽습니다. 하지만 저희 소대에서는 제 선임부터 제 한참 밑 후임들이 제대할 때까지 약 4년간은 그런 일이 없었습니다.

제대하고 받은 토익 점수를 보면 저희 소대가 왜 무리 없이 잘 돌아갔는지 짐작할 수 있습니다. 카투사들이라도 제대할 때 토익 점수가 900점이 안 되는 경우가 꽤 있습니다. 그에 비해 우리 소대원들은 거의 전원 930점 넘게 받았지요. 다른 소대에 비해 영어 실력이 좋았기 때문에 적응도 잘 했고, 나중에 제대하고서 취직들도 번듯하게 잘 했답니다.

우리 소대 카투사들은 리더십도 뛰어나서, 카투사가 SK 포함 9명밖에 없는 소규모였음에도 불구하고 늘 BLC 수료자들이 있었습니다. 미군들 데리고 자주 외출 나가서 한국 문화에 대한 바른 인식 심기에도 열심들이었습니다.

희한하게도 저희 소대는 카투사들이 대부분 안경을 끼고 있었습니다. 미국사회에서는 안경을 끼면 놀림거리가 됩니다. 하지만 저희는 미군 아이들이 놀리려고 하면 "야, 우린 전부 대학생이야, 공부를 잘해서 안경을 끼는 거야. 영어 모르는 거 있으면 물어봐"라고 말도 안 되는 소리를 하며 오히려 미군 아이들을 놀려 주곤 했습니다. 미군 아이들은 어처구니없어 하면서도 재미있어 하더군요.

하지만 모든 소대원들이 이렇게 잘 해낸 건 아닙니다. 영어로 말하는 것은 둘째 치고 알아듣는 것부터 문제가 있어서 제대하는 날까지 미군들의 무시를 받았던 선임과 후임들도 있었습니다.

정리하자면, 먼저 갔다온 사람으로서 여러분들도 미군 사이에서 인정과 존경을 받는 군생활을 했으면 좋겠다는 겁니다. 특별한 노력이 필요한 것은 아닙니다. 영어로 의사소통이 원활하게 되도록 노력하고, 논쟁거리가 있을 때 피하지 말고 당당하게 대하면 됩니다. 나를 무시하면 제대로 짚고 넘어가야 합니다. 또 상병으로 진급하면 제대로 된 리더십을 보여주어야 합니다. 솔선해서 모범을 보이고 적절하게 명령을 하달할 줄도 알아야 합니다. 의도적으로 자신감을 보일 필요도 있습니다.

리더십을 보여줄 기회가 전투와 훈련 때만 있는 것은 아닙니다. 당연히 훈련 시에 작전 상황 파악과 기본적인 장비의 사용 및 정비, 문제해결 등을 할 줄 알아야겠지요. 하지만 일상 생활에서도 리더십을 보여줄 수 있습니다. 장비를 리커버리할 때 미군과 카투사를 불러모아서 해야 할 일을 지시하고 정리하면서 리더십을 보여줄 수 있습니다. 막사 청소할 때도 나서서 지시하고 일을 조율하는 데서 리더십을 보여줄 수 있죠. 솔선이라는 것은 혼자 하라는 것이 아닙니다. 막연히 지시만 하는 것도 아니지요. 적절히 지시하고 따라 할 수 있게 시범을 보이세요. 병장이 되고 드디어 SK가 된다면 본격적으로 후임들을 위해 어떻게 길을 닦아 놓을지도 생각하세요. 그런 군생활을 보냈다면 보람 있는 2년을 보내고 사회로 복귀하게 될 것이니까요.

|희조생각| 미군들은 나쁜 놈들인가

제가 헌병으로 복무하며 이런저런 사건들을 겪고, 또 신문지상에 오르내리는 미군들의 범죄와 추태들을 보고 있자면 미군들은 정말 나쁜 놈처럼 보입니다. 사실 나쁜 놈도 많습니다.

제가 상병(CPL)일 때 헌병대에 끌려온 미군 한 녀석이 있었습니다. 근데 이 녀석은 뭐가 뒤틀렸는지 "저기 있는 저 노란 카투사한테는 조사받지 않겠다. 카투사 치워라"라고 되지도 않는 소리를 하더군요. 분기탱천한 저는 이 녀석에게 외쳤습니다.

"너, 솔져, 뭐라고 했냐? 예의를 갖춰라, 난 MP다."(Hey, you soldier, what did you say? You need to show respect for the authority.)

이렇게 말하면서 거의 날다시피 그 녀석에게 돌진하는데 당직이던 미군 SPC가 절 말리더군요.

"참아, 임 상병, 저놈 쓰레기야. 그냥 무시해. 내가 알아서 할게."

그리고선 대신 그 녀석에게 소리를 질러주었습니다.

"자리에 앉아. 그냥 닥치고 있어. 가만히 있으라고."(Sit down, Soldier! You just fuxxxxx shut up. Just stay put.)

물론 제 반응에는 의도적인 부분이 있었습니다. 부당한 일을 당했을 때 가만히 참으면 안 된다고 말씀드렸죠. 미군들이 '마음대로 해도 아무 소리 안 하는 바보 같은 녀석이군'이라고 생각하지 못하도록 싹을 잘라줘야 한다고요. 이때도 용의자 녀석에게뿐 아니라 동료 MP에게 보여주기 위해서도 살짝 과장한 면이 있었습니다. 역시 예상대로였습니다.

"역시 임 상병이야. 전에도 공공기물 파손죄 적용해서 한 놈 본국 송환했다며? 나랑 근무할 때도 범인을 1km 넘게 혼자 추격해서 곤봉으로 때려 잡더니 역시 대단해! 성깔 있다니까!"

인종차별적 발언은 미군에서는 대단히 민감한 문제이기 때문에 MP 출동 사유가 됩니다. 저한테 욕한 그 미군의 행위는 헌병에 대한 도전이었을 뿐 아니라 카투사에 대한 인종차별이기도 했기 때문에 문제가 되었습니다. 인종차별 기록이 남으면 당사자는 승진이 불가능하고 불명예 제대를 당할 수도 있습니다.

미국사회에서 인종차별이란 200년 가까이 되도록 해결이 되지 않고 있는 심각한 문제입니다. 보통 우리는 인종차별이라고 하면 백인이 흑인을 차별하는 것만 떠올리지만, 꼭 그것만을 의미하는 것은 아닙니다. 굳이 서열을 매기자면 '백인 > 흑인 > 히스패닉 > 인도인 > 동양인' 구도가 성립할 때가 생각보다 많았습니다. 우리 소대에 앤더슨이라는 흑인 MP가 한 명 있어서 우리 카투사들은 설움을 함께 이겨내볼까 하는 생각을 했는데요, 그게 잘 되지 않더군요. 눈에 띄게 백인들에게 따돌림당하는 것 같은데도 막상 이 녀석은 우리 카투사를 따돌리더군요.

이렇게 예를 들자니 미군들이 마치 다 나쁜 녀석들 같습니다.

그러나 대부분의 미군은 착합니다. 일단 기본적으로 나이가 어리거든요. 미군 입대 연령이 18~35세니까 대체로 PVT나 PV2들은 18~19살밖에 안 된 아이들이 많지요. 덩치는 산만한 녀석들이지만 나이가 어린 만큼 무척 순진합니다. 때론 백지 같아서 우리 카투사들이 어떻게 하느냐에 따라 좋은 관계로 발전하느냐 아니냐가 달라집니다.

CPL(SPC)이나 SGT 이상은 나이가 많습니다. 그래서 그 정도 계급이 되면 문화차별, 인종차별에 대한 올바른 개념이 정립되어 있습니다. 미국사회는 인종의 용광로라고 할 정도로 여러 인종이 섞여 하나의 미국을 구성하기 때문에 문화적, 인종적 다양성을 우리보다 자연스럽게 받아들입니다. 다문화로 가는 과정에 성장통을 겪고 있는 한국사회가 보기에는 부러운 모습입니다. 따라서 NCO나 장교들과 문제가 생기는 일은 별로 없습니다.

그리고 같은 수준의 범죄를 저지르더라도 군대는 사회보다 더 강력한 처벌이 주어지기 때문에 군인들은 행동을 더 조심합니다. 결론을 말하자면, 미군 병력의 규모와 숫자, 국력에 비해보면 미군들의 범죄율이 특히 높거나 인성이 나쁜 것은 아닙니다. 다만 일부 일어나지 말아야 할 범죄들을 잘 처리하고, 그 범죄 중에서 한국인과 연관된 문제라면 한국 사법체계 안에서 재판받고 엄격하게 단죄할 수 있다면 좀더 좋지 않을까 합니다.

|알아두기| 미군 계급체계에 대하여

우리나라의 계급편제는 상당 부분 미군의 것을 따르고 있어서 미군 계급체계가 아주 낯설지는 않을 겁니다. 그래도 이번 기회에 자세히 알아두시면 미드나 영화를 볼 때도 이해하기가 쉬워질 겁니다.

Officer(장교)

GA(원수)	**General of the Army**
	▶ 한국군에서는 대통령이 군 통수권자로서 원수를 겸하지만, 미군에서는 그렇지 않습니다. 실제로 이 계급은 존재한 적이 별로 없습니다. 한국전쟁 당시 맥아더가 원수였죠.
Gen(대장)	**General**
LG(중장)	**Lieutenant General**
MG(소장)	**Major General**
BG(준장)	**Brigadier General**
Col(대령)	**Colonel**
LC(중령)	**Lieutenant Colonel**
Maj(소령)	**Major**
Cpt(대위)	**Captain**
1LT(중위)	**First Lieutenant**
2LT(소위)	**Second Lieutenant**

Warrant Officer(준사관)

CW5(특등준위)	**Chief Warrant Officer 5**
	▶ 보통 수송헬기 등의 조종을 맡습니다.
CW4(1등준위)	**Chief Warrant Officer 4**
CW3(2등준위)	**Chief Warrant Officer 3**
CW2(3등준위)	**Chief Warrant Officer 2**
	▶ 준사관급. 업무부서의 관리 감독권이 있는 참모 준위입니다.
WO1(4등준위)	**Warrant Officer 1**
	▶ 준사관급. 업무부서의 관리 감독권이 없는 참모 준위입니다.

Non-Commissioned Officer(사병)

SMA(미육군원사)	**Sergeant Major of the Army**
	▶ 미군 전체에 단 1명 있습니다.
CSM(주임원사)	**Command Sergeant Major**
SGM(원사)	**Sergeant Major**
1st SGT(일등상사)	**First Sergeant**
	▶ CSM, SGM, 1st SGT는 쉽게 만날 수 없지만, 군 복무하면서 훈련을 나가면 몇 번 정도는 마주칩니다. 상당한 계급을 가진 사람들로, 장교들도 존경하는 계급입니다. 나이도 많지요.
MSG(상사)	**Master Sergeant**
SFC(중사)	**Sergeant First Class**
SSG(하사)	**Staff Sergeant**
SGT(병장)	**Sergeant**
	▶ 미군 계급체계에서 병장은 상당한 지위입니다. 어느 정도 리더십을 갖추고 있고, 대부분 분대장(Squad Leader)을 맡습니다.

SPC/CPL(상병)	**Specialist/Corporal**

▶ SMA에서 CPL까지가 NCO입니다. 즉, 아래 계급 사병에게 업무, 사역, 명령 하달이 가능한 계급입니다. 카투사는 CPL로 바로 진급합니다. 따라서 카투사도 상병과 병장은 규정에 따라 미군들에게 명령을 내릴 수 있습니다. 미군이 이에 불복할 때는 진급에 영향을 미칠 수 있습니다.

▶ 미군은 대부분 SPC로 진급합니다. 다만 유닛 내에 NCO가 부족한 경우 등에는 진급 점수를 채운 미군들 중에서 CPL로 진급하기도 합니다. 기본적으로는 BLC라는 NCO 훈련과정을 수료해야 CPL이 됩니다.

PFC(일병)	**Private First Class**
PV2(이병)	**Private Second Class**
PVT(훈련병)	**Trainee**

▶ PVT는 계급장이 없습니다. 따라서 우리말로는 무등병이라고도 합니다. 자대배치 받는 미군 중에서 무등병으로 오는 경우도 있는데, 1~2개월 안에 점수를 따게 해서 바로 PV2 계급장을 주곤 합니다.

훈련병
(Private, E1)

이병
(Private, E2)

일병(Private First Class, E3)

상병
(Specialist, E4)

상병
(Corporal, E4)

병장
(Sergeant, E5)

하사(Staff Sergeant, E6)

중사(Sergeant First Class, E7)

상사(Master Sergeant, E8)

일등상사(First Sergeant, E9)

원사(Sergeant Major, E9)

주임원사 (Command Sergeant Major, E9)

미육군원사 (Sergeant Major of the Army, E10)

4등준위 (Warrant Officer, W01)

3등준위 (Chief Warrant Officer, W02)

2등준위 (Chief Warrant Officer, W03)

1등준위 (Chief Warrant Officer, W04)

특등준위 (Chief Warrant Officer, W05)

소위(Second Lieutenant, O1)

중위(First Lieutenant, O2)

대위 (Captain, O3)

소령 (Major, O4)

중령(Lieutenant Colonel, O5)

대령 (Colonel, O6)

준장(Brigadier Genenal, O7)

소장(Major Genenal, O8)

중장(Lieutenant Genenal, O9)

대장(General, O10)

원수(General of the Army, O10)

06

카투사는 훈련을 어떻게 할까?

★ **PT 포메이션의 모든 것** 매일 하는 PT 집합 알아보기
★ **PT는 순서대로 하자** PT 순서와 준비물
★ **PT 테스트란 무엇인가** PT 테스트 종목과 합격기준
★ **미군의 체력을 아는가** 한국군과 미군의 PT 차이점
★ **카투사는 이렇게 훈련한다** 카투사 훈련 일지
★ **훈련 나가서 먹고 자기** 훈련 식량과 훈련 숙소

PT 포메이션의 모든 것
매일 하는 PT 집합 알아보기

▌ 아침 일찍 기상!

미군부대의 하루 일과는 군대답게 굉장히 단순합니다. 매일 아침 6시까지 지정된 장소에 집합합니다. 이것을 PT 포메이션(PT formation: PT 집합)이라고 합니다. PT는 보통 20명 소대 단위나 100명 중대 단위로 진행하지만, 300명 이상의 대대 PT도 간혹 '행사'처럼 합니다.

KTA에서는 하절기에는 4시에, 동절기에는 5시에 PT를 합니다. 자대에 들어가면 6시에 하는 부대도 있고, 7시에 하는 부대도 있습니다. 전방 전투부대들은 대부분 6시에 PT를 시작합니다. 한국군과 마찬가지로 미군도 6시부터 하루일과를 시작하는데, 그러려면 6시 전에 일어나서 양치와 세수(personal hygiene), 면도를 해야 합니다.

순서는 후반기 교육을 받는 캠프 잭슨에서와 자대배치 이후가 조금 다릅니다. KTA에서는 면도와 양치, 세수 등을 끝내고 나서 PT를 하러 가지만, 자대배치 이후는 PT를 마치고 양치 등을 합니다. PT복은 당연히 입어야 합니다. 앞에서도 말씀드렸던 ARMY라고 써 있는 옷이죠.

PT복은 여름엔 하복만 입고, 겨울에는 겨울 PT복 속에 여름 PT복을 입습니다. 다른 것을 입으면 욕먹습니다. 겨울에 운동하다가 땀이 나면 겨울 PT복(sweat PT uniform)을 벗는데, 그때 다른 옷이 나오면 지적받습니다.

▌ PT 인솔자는 누구?

PT할 때는 인솔(charge)하는 사람이 있습니다. 인솔자가 적게는 20명에서 많게는 70명에 이르는 소대(혹은 중대)를 향해 "Fall-in(집합)!"이라고 외치면 모두 일사불란하게 앞으로 모여듭니다. 그러면 소대나 분대별로 분대장에게 인원을 확인시키고 줄을 세웁니다. NCO가 앞에 서서 PT의 기본순서를 이끄는데, Fall-in(정렬), Rotation(관절 돌리기), Stretching(스트레칭), Warm up exercise(준비 운동, 몸 덥히기), Running(달리기), Muscle strengthening(근력 운동), 그리고 마지막으로 Cooling down exercise(마무리 운동, 몸 식히기)로 이어집니다.

대체로 분대장(Squad leader: 대체로 병장이나 하사가 합니다)이 PT를 인솔하고 때로 소대장(Platoon leader: 소위나 하사, 중사)도 합니다. 중대나 대대 규모의 '행사'용 PT에서는 드물게 중대장이 하는 경우도 있습니다. 물론 인솔은 대개 미군들이 하는데, 영어 좀 되고 리더십을 보이는 카투사들이 소대나 중대 PT 인솔을 하기도 합니다. 100명 정도 되는 인원을 데리고 1시간 남짓 운동을 시키는 일을 카투사가 책임지고 하는 겁니다. 이걸 한번 하면 미군들이 바라보는 눈이 달라집니다. 이미지 쇄신의 기회라고 할까요. 물론 이때 카투사가 어리바리하게 굴면 다음 기회는 없습니다. 이미지 쇄신은커녕 동료 미군들에게 무시를 당하게 되죠. 따라서 CPL을 달면 언젠가 기회가 오니까 미리 연습해두세요. 기회는 갑자기 옵니다.

PT하려고 집합해 있을 때 하사관이 오늘 PT 인솔을 하라고 할 겁니다.
"임 병장, 오늘 PT 인솔해 봐!"(SGT Lim, Why don't you take PT charge, today?)
잘 해내면 끝나고 나서 미군과 카투사 모두 앞에 와서 "Awesome!", "Outstanding!"을 외치며 엄지손가락을 치켜세워줍니다. 그 뒤부터는 미군 하사관들이 미리 PT 인솔하라고 알려주니, 그때부터 멋지게 대한민국 청년의 늠름한 모습을 보여주시면 됩니다. 리더 역할을 하는 경험도 되고 부대 내 평판도 좋아지니, PT 인솔은 꼭 해보고 제대하시기 바랍니다.

PT 인솔하기

PT 인솔은 어떻게 하냐고요? 이렇게 하시면 됩니다. 먼저 막사 앞에서 집합한 다음에 몸 풀고 나면 바로 달리기를 합니다. 달리기 하는 장소와 루트는 인솔자 마음입니다. 제가 복무한 부대는 산 밑에 있었습니다. 앞에 헬기장도 있던 꽤 큰 부대였죠. 산 밑이라 부대 뒤쪽은 경사가 상당했지요. 그쪽으로 올라가도 되고 헬기장으로 뛰어가도 되고 부대 밖으로 나가도 됩니다. 다만 부대 밖으로 나갈 때는 새벽이라 어둡기 때문에 로드 가드 베스트(Road Guard Vest)라는 야광조끼를 입어야 합니다. 또한 이때는 MP들이 교통통제(TC)를 해주어야 합니다. 따라서 다른 유닛에서 부대 밖으로 나갈 일이 있을 때는(중대 이상의 규모) 미리 MP에게 협조공문을 띄웁니다. 한국 신호등에 맞추어서 전체 병력이 이동하는 일은 쉬운 일이 아닙니다. 동네 주민들에게서 욕을 한 바가지 먹으면서 교통통제를 합니다. 하지만 우리 부대는 MP니까 우리가 PT 할 때는 부대 밖으로 그냥 나갑니다. 길을 건너야 할 일이 있으면 인솔자가 아무나 2명을 찍어서 교통통제를 명하면 됩니다.

"너, 너, 앞에 가서 TC해!"

다시 부대 안으로 돌아오면 역시 부대 여기저기를 달리다가, 중간 중간 근력운동을 시키면 됩니다. 뛰다가 "Push!"(엎드려!)를 외친 후 팔굽혀펴기(Push-up), 윗몸일으키기(Sit-up) 등을 시킵니다. 그런 후에 다시 달리기, 누워서 자전거 타기 등을 합니다. 이렇게 골고루 섞어 하면 지루하지도 않고 알차게 운동할 수 있습니다. 물론 사병들은 싫어하지만 미군 NCO 들에게는 신뢰를 얻을 수 있지요.

PT는 순서대로 하자
PT 순서와 준비물

▌아침 PT는 이렇게 한다

앞에서 간단히 PT란 무엇인지 살펴보았는데, 여기서는 그 순서와 방법을 좀더 자세하게 알려드리겠습니다. 먼저 아침 PT 순서는 이렇습니다.

- **폴인(Fall-in)** 사람들을 불러 모으는 겁니다. 집합이죠.
- **로테이션(Rotation)** 목부터 발목까지 차례대로 돌리며 관절을 풀어줍니다.
- **스트레칭(Stretching)** 목부터 발목까지 스트레칭합니다. 일어서서 하는 것도 있고 앉아서 하는 것도 있습니다.
- **웜업 운동(Warm up exercise)** 말 그대로 몸을 덥히는 운동입니다. 콩글리시로 워밍업한다고 하죠. 팔벌려 뛰기(Side straddle hop), 팔굽혀펴기(Push-up), 무릎올리기(Engine), 런저(Lunger), 누워서발차기(Flutter Kick), 높이뛰기(High jumper), 앉았다일어나기(Knee bender), 제자리좌우점프(Ski jump), 스쿼트(Squat bender), 누워서자전거돌리기(Supine bicycle) 등을 주로 합니다.
- **달리기 1(Running 1)** 몸을 덥힌 후에는 달리기를 합니다. KTA에서는 부대 전체를 몇 바퀴 돕니다. 논산훈련소에서 뛸 때보다 엄청나게 빠릅니다. 자대에 가면 행군을 하는 유닛이 있는데, 정말 빨리 걷습니다. 군장도 정직하게 꽉꽉 40kg 채워서 걷고요. 군장과 총을 메고 보통 남자가 빨리 걷는 정도의 속도로 걷습니다. 미군들은 뛰는 속도가 원래 빠릅니다. KTA는 부대가 작기 때문에 부대 전체를 몇 바퀴 도는 것이 가

능하지만 자대에서는 NCO들이 정한 장소만 돕니다. 뛰면서 케이던스(cadence)라고 하는 군가를 부릅니다. 미군 나오는 영화를 보면 구보하면서 부르는 노래 들어보셨을 겁니다. 케이던스는 인솔자 취향에 따라 달라집니다. 따로 가르쳐 주지 않더라도 멜로디나 리듬이 단순하고 별 뜻 없는 가사가 대부분이라 금방 익힙니다.

- **달리기 2(Running 2)** 속도가 생각보다 빠르기 때문에 누군가는 뒤처지기 마련인데, 그러면 인디언 러닝(Indian running)이라고 해서 한 바퀴 빙 돌아 뒤에 처진 병사 뒤로 갑니다. 뒤처진 병사가 제일 앞에서 달리게 하는 거죠. 그 뒤에 붙어서 다시 달리고, 또 처지면 또 뒤로 돌아가고, 이렇게 꼬리잡기 식으로 달립니다. 맨앞이 된 병사 입장에서는 정말 부담스럽죠. 달리기할 때 뒤처진 병사가 카투사면 만날 때마다 카투사 선임들이 무서운 조언과 충고와 격려를 날려줄 겁니다. 그러니 입대 전에 꼭 달리기 연습을 하세요.
- **근력 운동(Muscle strengthening)** 20~40분 정도 달리기가 이어지는데, 이때 중간중간 멈춰서서 팔굽혀펴기나 윗몸일으키기 같은 근력 운동을 하기도 합니다. PT 강도가 셀 때는 열심히 뛰다가 근력 운동하고, 갑자기 전력질주도 하고, 질주가 끝나면 거기서 다시 근력 운동하고를 끝없이 반복합니다. 이렇게 하면 쓰러지기 일보 직전이 되죠.
- **쿨다운 운동(Cooling down exercise)** 달리기 후엔 달리기 전의 과정을 역순으로 반복해서 몸을 식힙니다.

| PT 준비물: 캐멀백, 매트, 방한복

필요 없다고 고지를 받기 전까지는 캐멀백(camel bag: camelbak 혹은 hydro pack

이라고도 부르는 빨대 달린 수통입니다. 배낭처럼 짊어지는 형태로, KTA에서는 필수로 메고 다녀야 합니다. Canteen이라고 부르는 수통도 지급품에 포함되어 있습니다)과 요가매트 같이 생긴 PT매트를 매일 들고 나가야 합니다. PT매트는 막사 앞에서 로테이션이나 스트레칭을 할 때 깝니다. 엉덩이나 허리를 다치지 않게 하는 거죠. 그래서 요가매트보다 조금 두껍습니다. 신발은 운동화를 신어야 되지만 운동화에 대한 규정은 없습니다. 대부분 지급받은 걸 신고 나옵니다. 수통과 PT매트를 안 가지고 나가면 욕먹고 다시 가지러 가야 됩니다. PVT, PV2, PFC들은 미군이고 카투사고 간에 잘 잊어버리고 나오죠. 몸을 풀고 나가서 달리기 할 때는 수통과 PT매트는 일단 막사 앞에 놓고 갑니다. 돌아와서 물 마시고 다시 매트 위에서 정리운동을 하고 들어가지요. KTA에서는 필수 준비물에 가깝지만 자대배치를 받으면 유닛에 따라 캐멀백이 필요 없는 경우도 있고, PT매트 없이 잔디밭이나 아스팔트 위에서 몸을 풀기도 합니다.

겨울에는 한국군과 달리 털모자와 장갑도 착용합니다. 합리적이지요. 자국을 위해 싸울 병사인 만큼 귀하게 대하는 것 같습니다. 물론 복장도 달라집니다. 여름 PT복 위에 긴 바지와 긴 상의를 입어야 합니다. 내복 입는 것을 금지하지는 않지만 땀이 나서 불편합니다.

"전 안 추운데요?"라고 허세 부려봤자 소용 없습니다. 군인은 여름엔 탈수 예방, 겨울엔 보온을 철저하게 지켜야 합니다.

▎ 샤워하기

1시간 남짓 PT가 끝나고, 샤워도 하고 방 정리도 하고 밥도 먹고 나면 대체로 9시부터 일과가 시작됩니다. 일이 있을 때는 8시부터 하기도 합니다. 간혹 안 씻는 녀석도 있는데, 그러면 룸메이트가 고생하죠.

서양 사람들은 한국 사람을 처음 만나면 김치하고 마늘 냄새가 난다고 힘들어 합니다. 한국 사람을 비하하는 것도 아니고 편견이 있어서 그런 것도 아닙니다. 정말 그런 냄새가 난다고 하네요. 우린 모두가 김치 먹고 마늘 먹으니까 모르지만요. 마찬가지로 인도 사람과 엘리베이터라도 함께 타면 카레 냄새가 진하게 납니다. 미국 사람과도 좁은 장소에 같이 있으면 치즈 냄새나 노린내가 나지요. 평생을 먹었으니까 자연스럽게 몸에 배는 거죠. 한국 사람도 한 달 이상 우리 음식을 안 먹으면 특유의 김치, 마늘 냄새가 없어집니다. 그러다 하루 한식을 먹고 오면 다음날 미국 아이들이 바로 알아챕니다. 개코도 아니고 정말 신기하더군요.

우리 소대에 안 씻는 미군 녀석 하나는 그런 서양인 고유의 냄새가 아니라 아주 땀에 쩐내가 났습니다. PT하고 안 씻는 녀석이었거든요. 평소에도 한여름에 밖에서 리커버리나 사역을 해도 잘 안 씻고요. 하도 안 씻으니 결국 미군 하사관이 당장 씻고 오라고 지시하기도 했습니다. 군인이 안 씻으면 위생 문제로 발전해서 병력 손실이 발생할 수도 있습니다. 따라서 위생 관리를 잘 하는 것도 군인의 의무입니다. 군인을 영어로 GI라고 하죠? Government Issue에서 나온 것인데, 알고 나면 좀 기분이 나쁩니다. 정부 물품이라는 뜻이거든요. 어쨌든 군인은 단순한 개인이 아니기 때문에 위생 관리도 잘 해야 합니다.

이런 날에는 PT 안 한다

주중에는 매일 이렇게 PT를 반복합니다. 주말과 미국 휴일에는 당연히 안 합니다. 한국 휴일에는 카투사만 빠집니다. 카투사들이 빠지면 당연히 미군들이 싫어하는데, 이럴 때 SK가 잘 해야 합니다. 평소에 미군들을 제대로 길을 들여놓아야 불만 없이 따라주거든요. 그런 준비작업 없이 한국 휴일에는 PT 안 한다고 통보하듯 하면 불만을 갖고 있다가 카투사에게만 따로 사역을 줄 수도 있습니다. 한국 휴일에 쉬는 것은 카투사의 당연한 권리지만, 전달할 때는 부드럽고 지혜롭게 해야 미군들도 거부감 없이 받아들이고 카투사들에게도 유리합니다. 이렇게 해두면 나중에도 한국 휴일 전에 알아서 NCO들이 내일 PT 안 하는 날 맞냐고 확인합니다.

휴일 외에도 폭우나 폭설이 내린다거나 적정 기온을 넘는 등 날씨가 안 좋을 때도 PT를 생략합니다. 적당히 비가 올 때는 그냥 진행하고요. 서양 사람들은 비 정도는 맞아도 된다고 생각합니다. 그래서 정장을 하고 있는 것이 아닌 다음에는 어지간한 비는 그냥 맞습니다. 규정은 확실하게 지키는 사람들이기 때문에 온도가 너무 높거나 낮으면 PT를 하지 않거나 체육관이나 막사로 장소를 옮겨 진행합니다.

▎체육관에서 운동하기

PT라고 무조건 부대를 돌아다니면서 땅바닥에서 하는 것은 아닙니다. 미군부대라면 거의 어디든 있는 체육관(gym)에서도 합니다. 그 안에서 헬스기구를 이용할 수도 있고요, 농구장이나 각종 시설을 이용하기도 합니다.

캠프마다 대부분 체육관을 갖추고 있는데, 규모가 큰 캠프에는 체육관이 여러 개 흩어져 있습니다. 험프리에 있는 Super gym은 3층 규모를 자랑할 정도로 미군부대의 체육관 시설은 한마디로 최고입니다. 우리나라에 있는 고급 피트니스 클럽 시설이 그 정도 될까요. 온갖 시설을 다 갖추고 있습니다.

웨이트 트레이닝을 하려고 폼 잡고 있으면 옆에 미군이 와서 묻습니다. "너 이거 다 했어? 나 해도 되니?"

미군의 체격을 보면 자동으로 "응, 너 해. 난 갈게"라고 말하게 됩니다. 영화에서나 보던 울퉁불퉁 건장한 미군들이 많습니다. 저런 몸이 진짜 있구나 싶더군요.

개인적으로는 여기에서 운동을 많이 못 해본 것이 아쉽습니다. 당시는 헬스 클럽에 관심이 없어서 별로 가보지 않았거든요. 웨이트 시설만 있는 것이 아니라, 농구장, 배드민턴장, 스쿼시 코트, 수영장 등 원하는 모든 게 다 있는 멋진 곳입니다.

PT 테스트란 무엇인가
PT 테스트 종목과 합격기준

▎PT 테스트란?

어느 나라건 군인들은 PT 테스트를 받는데요, PT의 정식명칭은 APFT (Army Physical Fitness Training) 혹은 PRT(Physical Readiness Training)입니다. 당연히 미군도 PT 테스트가 있는데, 전반적으로 우리나라 육군에서 하는 것보다 강도가 셉니다. 특별한 이유가 있어서 그런 것이 아니고, 미국 사람들의 기본체력이 우리보다 좋다보니 대한민국의 해병대나 특수부대급을 제외하고 일반 부대와 비교한다면 좀 힘든 편입니다. 자세에 대한 기준도 좀더 엄격하고요.

자대에서 하는 테스트보다 KTA에서 하는 테스트가 상대적으로 세다고 느낄 수 있습니다. 훈련소라서 훈련 강도가 센 것도 있지만, 사회에 있다가 군인이 된지 얼마 안 되었기 때문에 몸이 만들어지지 않은 상태라서 더 그렇게 느껴지기도 합니다.

▎PT 테스트 종목과 합격 기준

한국군과 비슷하게 팔굽혀펴기(Push-up), 윗몸일으키기(Sit-up), 달리기(2mile run: 3.2km)의 세 종목으로 진행합니다. 연령에 따라 17~21세, 22~26세,

27~50세 3그룹으로 나누어서 통과 기준을 달리합니다. 카투사는 80% 이상이 22~26세입니다. 따라서 보통 두 번째 기준으로 채점을 하죠. 아래 기준표도 22~26세의 채점표입니다.

- **팔굽혀펴기**(Push-up) 만점은 2분에 75개입니다. 60점(40개) 이상이 통과 기준이지만 KTA에서는 35개가 커트라인입니다. 카투사 후반기 교육대 KTA에서는 제대로 하라는 취지로 아무리 열심히 해도 개수로 잘 안 쳐줍니다. 팔은 내려갈 때 90도여야 되고 올라올 때는 완전히 펴져야 됩니다. 소위 '깔짝깔짝'하거나 지나치게 빨리 하거나 하면 개수에 포함해주지 않습니다. 힘이 들어도 엎드린 자세 그대로 쉬어야 합니다. 게다가 엉덩이를 들거나 아예 내리는 것은 상관없지만 무릎이 닿으면 처음부터 다시 시작해야 합니다. 어쨌든 팔굽혀펴기는 미군이건 카투사건 다 잘 못합니다.

▶ 팔굽혀펴기 합격기준

Reps	Score	Reps	Score	Reps	Score	Reps	Score
75	100	63	86	51	73	39	59
74	99	62	85	50	71	38	58
73	98	61	84	49	70	37	57
72	97	60	83	48	69	36	55
71	95	59	82	47	68	35	54
70	94	58	81	46	67	34	53
69	93	57	79	45	66	33	52
68	92	56	78	44	65	32	51
67	91	55	77	43	63	31	50
66	90	54	76	42	62		
65	89	53	75	41	61		
64	87	52	74	40	60		

- **윗몸일으키기(Sit-up)** 2분에 80개가 만점입니다. 60점(50개) 이상이 통과 기준이지만 KTA에서는 47개가 커트라인입니다. 카투사가 미군에 비해 상대적으로 잘하는 종목이지요. 그래도 개수는 까다롭게 셉니다. 누울 때 완전히 등이 닿아야 되고 깍지 낀 손이 떨어지면 안 되고 팔꿈치가 무릎에 완전히 닿아야 됩니다. 이것도 마찬가지로 '미친 듯이' 하면 개수에 포함해주지 않습니다. 쉴 때는 누워서 쉬면 안 됩니다. 앉은 자세로 쉬어야 되는데 팔꿈치와 상반신이 다리에 닿으면 안 됩니다.

▶ 윗몸일으키기 합격 기준

Reps	Score	Reps	Score	Reps	Score	Reps	Score
80	100	70	87	60	73	50	60
79	99	69	85	59	72	49	59
78	97	68	84	58	71	48	57
77	96	67	83	57	69	47	56
76	95	66	81	56	68	46	55
75	93	65	80	55	67	45	53
74	92	64	79	54	65	44	52
73	91	63	77	53	64	43	50
72	89	62	76	52	63		
71	88	61	75	51	61		

- **3.2km 달리기(2mile run)** 역시 60점인 16분 36초가 통과 기준이고, 13분 안에 들어오면 만점입니다. 학창시절 오래달리기 하는 것보다 훨씬 빨리 뛰어야 합니다. 100m를 31초에 달리는 속도로 뛰면 되는데, 이게 쉽지 않습니다. 100m를 31초에 뛰는 건 어려운 것이 아니지만, 그 속도와 패턴으로 32번을 해야 하니까요. 게다가 이미 팔굽혀

펴기와 윗몸일으키기를 한 다음이라 체력도 떨어진 상태고요.

이 종목도 카투사들이 두각을 나타내는 편이지만 미군들도 상당히 잘 뜁니다. MP들은 순찰 근무하다가 체포나 추격을 해야 되기 때문에, 카투사뿐 아니라 미군들도 다른 유닛보다 체력이 좋아야 합니다. 3가지 테스트 종목 중에서 미군이 가장 강조하고 중요하게 여기는 것이 달리기입니다. 언제 파병될지 모르기 때문에 실제 전투를 늘 염두에 두고 있거든요. 실제 전투에 투입되면 40kg가 넘는 군장과 총기, 탄약(최소한 6탄창 이상)을 들고 총알과 대포를 피해서 미친 듯이 뛰어다녀야 하니까요.

▶ 달리기 합격 기준

Time	Score	Time	Score	Time	Score
13:00	100	14:36	82	16:12	64
13:06	99	14:42	81	16:18	63
13:12	98	14:48	80	16:24	62
13:18	97	14:54	79	16:30	61
13:24	96	15:00	78	16:36	60
13:30	94	15:06	77	16:42	59
13:36	93	15:12	76	16:48	58
13:42	92	15:18	74	16:54	57
13:48	91	15:24	73	17:00	56
13:54	90	15:30	72	17:06	54
14:00	89	15:36	71	17:12	53
14:06	88	15:42	70	17:18	52
14:12	87	15:48	69	17:24	51
14:18	86	15:54	68	17:30	50
14:24	84	16:00	66		
14:30	83	16:06	65		

PT 마스터

3가지 종목 각각 약 60점이 통과 기준입니다. 만점은 300점이고요. 290점 이상이면 PT 마스터(master)라는 타이틀을 얻게 됩니다. PT 마스터가 되면 패치를 PT 유니폼에 붙이고 다니는 '영예'를 얻게 되지요. 우리 MP 카투사들은 이걸 달고 있는 사람이 많았습니다. 사실 별것도 아니지만 복무 중에는 꽤나 영광스럽게 느껴졌답니다.

▲ PT 마스터가 되면 이런 패치를 유니폼에 달 수 있습니다.

PT 테스트에 떨어지면?

KTA에서는 PT 테스트를 세 차례 실시합니다. 1차는 약식으로 2마일이 아니라 1마일을 달리는 식으로 진행하고, KTA 입소 후 10일차에 치르는 2차 테스트부터 정식으로 합니다. 논산훈련소를 퇴소한 직후임에도 불구하고 1차 테스트에서는 합격률이 30%밖에 되지 않지만 KTA 퇴소 직전에 시행하는 3차 테스트에서는 90% 이상 합격합니다. 3차 PT 테스트에서 합격 기준을 넘지 못하면 1차례 유급을 시킨 후에 자대배치를 하지만, 자대에서 PT 테스트에서 떨어지면 남들은 놀러 다닐 주말에 추가 PT를 해야 합니다. 카투사 선임이나 미군 하사관들이 집합시켜 놓고 하는데, 이게 생각보다 괴롭습니다. 팔굽혀펴기와 윗몸일으키기는 혼자 연습하게 하지만, 달리기는 소대장, 분대장들이 데리고 다니면서 통과하게 합니다. 이때 토하면서도 계속 달릴 수 있다는 것을 경험하게 될 수도 있습니다.

미군의 체력을 아는가
한국군과 미군의 PT 차이점

▌ 수락산을 30분에 오르는 미군의 체력

미군의 체력은 우리랑은 비교가 안 됩니다. 이걸 뼈저리게 느낀 일화가 있었습니다. 제가 있던 부대 뒤가 수락산이었는데요, 어느 날 아침 PT 인솔하는 하사가 PT매트 가져올 필요 없이 그냥 산이나 오르자고 하더군요. 그래서 오늘은 좀 편하겠다고 좋아했는데, 700m 높이의 산을 엄청나게 빠른 속도로 올라가는 등산 PT일 줄은 몰랐습니다. 산 정상에는 몇 십 미터짜리 바위를 밧줄 하나 잡고 올라가야 하는 코스도 있더군요.

등산 시작부터 미군들은 엄청나게 빨리 올라갔습니다. 카투사를 놀려 먹으려고 장난치는 건가 생각하면서 죽을 둥 살 둥 올라갔더니, 정상에서 미군 SPC 녀석이 가방에서 배낭 크기만한 모래주머니 하나를 보란 듯 꺼내더군요.

역시 어릴 때부터 매일 고기 먹던 아이들과 고기는 특식으로나 먹던 우리는 체력 자체가 달랐습니다. 시계를 보니 정상까지 35분 걸렸더군요. 보통 등산하시는 분들이 2시간 넘게 걸려서 올라가는 코스인데 말이죠. 정말 어마어마한 체력이었습니다.

미군은 달리기가 중요하다

한국군과 미군 PT의 차이점이라고 하면, 미군들이 대체로 달리기를 중시한다는 것을 들 수 있습니다. 이들은 실전에 투입되기 때문인데, 달리기 하는 속도가 꽤 빠릅니다. 따라서 행군 속도도 만만치 않습니다. 파병을 전제로 한 군대이다보니 언제라도 실전에 투입될 수 있으므로 행군, 구보, 달리기 등을 집중해서 훈련합니다. 이러한 유닛에 있는 카투사들은 당연히 달리기나 구보를 잘해야 합니다.

물론 훈련이 거의 없는 행정부대에 배치를 받으면 좀 덜하긴 합니다. '쉬운 군복무, 편한 군복무, 좋은 군복무'를 즐기는 것도 좋지만, 그곳에서도 PT 테스트에 통과하고 나아가 PT 마스터가 되면 미군들과 동료 카투사들에게 인정받고 내 체력도 다지는 '더 쉬운 군복무, 더 편한 군복무, 더 좋은 군복무'가 되겠지요.

▲ PT 마스터 패치를 받고 기뻐하는 미군들

▲ 수락산 등반 PT

카투사는 이렇게 훈련한다
카투사 훈련 일지

▍카투사 훈련 일지

카투사도 군인이니까 당연히 훈련을 받습니다. 다만 한국군 훈련에 따라다니는 것이 아니라 미군부대가 훈련할 때 배치되어 있는 유닛의 훈련에 동참합니다. 하지만 훈련이 없는 부대도 있습니다. 주한미군이 모두 전투부대는 아니거든요. 전투부대가 일부 있는데, 전투부대에 각종 병과로 배치되어 있는 카투사는 50% 정도입니다. 신문이나 방송에 보도되는 한미연합훈련에 투입되는 카투사는 극히 일부이고, 그 밖의 카투사들은 소대나 중대 혹은 대대급 훈련에 함께 합니다. 그래도 아예 훈련을 안 할 수는 없으니까 약식으로 간단한 정도로는 대부분 합니다.

▍비상

훈련의 가장 단순한 형태는 비상(alert)입니다. 위급한 상황을 가정하여 정해진 시간에 집합시키고 전투 태세를 갖춰 이동하는 훈련을 비상이라고 합니다. 주로 '비상 건다'고 하죠. 예비역들은 모두 이 비상이라는 것이 얼마나 짜증나는 일인지 잘 아실 겁니다. 힘들고 지친다기보다 말 그대로 '짜증'이 납니다. 지루하기 짝이 없을 뿐 아니라 도대체 몇 번을 더 반복해야 상관들이 만족하는 건지 알 수가 없습니다. 언제 비상이 걸리게 될지, 얼마나 오래 지속될지 장교와 고위 NCO들 이외에는 아무도 모릅니다. 갑작스런 상황을 만들어서 위급 시에 얼마나 빠른 대처가 가능하게 할 것 인가를 연습하는 것이 비상이니까요.

전 MP였기 때문에 언제 비상이 걸리는지 대부분 미리 고지를 받았지만, 물론 MP들을 대상으로 하거나 MP를 포함해서 하는 비상이면 MP들도 모를 때가 있습니다.

전세계 모든 군대의 비상이 다 그렇겠지만, 위급 상황을 가정한 훈련은 매뉴얼에 따라 제대로 진행되지 않으면 문제가 됩니다. 문제가 많아지면 분대나 소대, 중대별로 개별 훈련을 따로 실시합니다.

비상은 꼭 새벽에만 겁니다. 한참 자는데 방문을 쾅쾅 두드리면서 소리를 질러대지요. 큰 규모의 비상이면 사이렌까지 울리지만, 소리 질러서 깨우는 경우가 보통입니다. 비상은 주로 전방부대와 전투부대에만 있습니다. 전투를 해야 하니 당연한 것이지요.

사격

군대는 그 존재 이유상 사격훈련을 할 수밖에 없습니다. 제가 처음 총을 쏴본 건 논산훈련소에서였습니다. 사격장에서만큼은 군기가 워낙 세서 구타가 가능하다는 둥, 죽을 수도 있으니까 정신 바짝 차리라는 둥 별의별 얘기가 다 있었지요. 처음 쏴보는 것이라 정말 긴장됩니다. 특히 저는 겨울에 입대해서 한창 추울 때 첫 사격을 했습니다. 군대라는 곳은 정말 춥습니다. 그리고 논산은 전체가 훈련장이라고 할 수 있을 만큼 광활한 지역에 훈련장이 흩어져 있었습니다. 논산훈련소에서 사격장까지 걸어서 1시간. 너무나 추운데 내복도 입지 못하게 하더군요. 얇은 군복 하나만 입고 사격장에서 주간사격, 야간사격까지 하니 추위를 덜어보겠다고 알아서들 얼차려를 합니다. 팔굽혀펴기도 하고 팔벌려뛰기도 하지요. 사격보다 더 무서웠던 것은 수류탄이었습니다. 영화에 나오는 총 쏘는 소리와 수류탄 터지는 소리는 정말 우아한 것이더군요. 실제로는 소리가 살벌하게 큽니다.

자대에서는 유닛 특성에 따라 사격장(range)에 나가는 횟수에 차이가 있습니다. 사격장에 많이 나가는 유닛은 뭐니뭐니해도 전투병과 MP죠. 정말 지긋지긋할 만큼 사격장에 다녀서 안 쏴본 총기류가 없을 정도(50 Calibre, MK19, M9, M249, M4, M203, M240B, shotgun, AT-4, MK47)였습니다. KTA에도 사격장이 있지만 거기서는 소총 사격만 합니다.

MP는 순찰 근무 시에 실탄이 장전된 권총을 차고 다니기 때문에 권총도 사격 기준을 통과해야 합니다. 사격을 잘하면 특등사수라고 불리게 되는데, 그 순서는 마크맨(Marksman: 2등 사수) → 샤프 슈터(Sharp shooter: 1등 사수) → 엑스퍼트(Expert: 특등 사수) → 스나이퍼(Sniper: 저격수)입니다.

사격을 뛰어나게 잘하면 스나이퍼 스쿨(Sniper School: 저격수 훈련학교)에 보내서 일정기간 훈련을 받게 합니다. 미군들은 복무 중에 여러 훈련학교에 다닙니다. 물론 카투사도 같이 보내서 훈련받게 하지만, 카투사는 많이 뽑지도 않고 큰 의미도 없습니다. 하지만 미군들은 훈련학교를 여러 개 수료해야 진급이 되므로, 어떻게든 하사관들에게 잘 보여서 훈련학교에 가려고 애를 씁니다.

카투사인 저는 그저 기준만 통과해서 마크맨이 되는 것이 목표였는데요, 마크맨이 되지 못하면 근무 순찰에 투입이 되지 못하고 사역만 하게 됩니다. 그러면 권총도 안 차고 힘든 빌 근무도 없고 좋은 거 아닌가 생각할 수 있지만, 전혀 그렇지 않습니다. 군인이 총을 못 쏜다는 것, 특히 헌병이 총을 못 쏜다는 것은 업무상 근본적인 문제가 있는 것이지요. 내가 근무에 못 들어가면 그만큼 다른 선임이나 후임이 제 자리를 대신해야 하니까 이만저만 민폐가 아닙니다. 미군들은 무시하고 카투사들은 구박합니다. 구박도 구박이지만 소대원들에게 미안해서 마음이 무척 불편하지요.

따라서 무슨 일이 있어도 사격 기준을 통과해야 하고, 하사관들도 사격장에 가면 모질게 훈련시킵니다. 통과 못하는 녀석이 나오면 전체 소대원들은 그날 복귀가 굉장히 늦어집니다. 하지만 미군이건 카투사건 하루 종일 사격장에서 연습해도 통과 못하는 녀석들이 한두 명씩 꼭 있습니다. 구박받으며 쩔쩔매는 모습이 안타깝기도 하고 답답하기도 하더군요. SK가 매일 따로 남겨서 권총 잡는 법부터 다시 가르친 다음에야 겨우 통과한 녀석도 있었습니다.

MP는 다른 총기보다 권총(pistol)을 잘 다뤄야 합니다. 사격해본 분은 알겠지만, 권총은 명중률이 별로 좋지 않습니다. 그렇다고 해도 약간의 요령만 있으면 통과하기 그리 어렵지는 않습니다. 보통 권총과 소총 사격을 동시에 진행합니다. 하지만 때때로 M4(M16을 대체) 소총 이외에도 사격장에서 SAW(Squad Automatic Weapon: M249), 산탄총, M-19(Mark 19: 한국군에서는 K-4라고 부르는데 험비에 얹거나 땅에 박아놓고 쏘죠), AT-4(대전차로켓인데 한발에 400만원이랍니다. 역시 미군은 돈이 많습니다)까지도 쏩니다. 분대/소대 화기가 어떤 것인지에 따라 사격장에서 쓰는 종류는 달라집니다. 사격장에서 총 쏘는 것은 재미있지만 부대 복귀해서 총을 닦는 건 늘 귀찮습니다.

훈련

 미군부대 훈련이라고 해서 한국군 훈련과 크게 다를 건 없습니다. 한국군에서 가장 힘들다고들 하는 유격은 Air assault, Dragon's best warrior competition, Warrior leader crucible competition 등의 이름으로 이루어지긴 하나 미 2사단 전투병들 외에는 잘 하지 않습니다. 한미연합훈련에서는 주한미군 병력의 숫자보다 한국군 병력의 숫자가 월등히 많습니다. 따라서 한국군 예비역 중에서는 연합훈련 참가 경험이 있는 사람이 많지 않지만 카투사들 중에는 꽤 있습니다.

 한미연합훈련은 워낙 언론에서 많이 언급하고 있기 때문에 여기서는 설명하지 않겠습니다. TV 다큐멘터리나 뉴스에도 나오지만, 그 외의 꽤 많은 훈련은 컴퓨터 게임처럼 진행하거나 MILES(Multiple Integrated Laser Engagement System) 장비를 사용하기도 하고, 시뮬레이션을 쓰기도 하지요.

 MP들은 모든 훈련에 따라다닙니다. 실제 전투 시에도 MP의 존재는 필수적이기 때문이지요. 그래서 1년에 몇 달씩은 외부에 나가서 훈련을 받았던 것 같습니다. 훈련이 많은 전투부대 중에는 1년의 절반을 필드에 나가 있는 경우도 있습니다. 몸이 힘든 건 아니지만 좀 지겹습니다. 그래도 훈련장에서의 생활은 한국군보다는 훨씬 편하고 좋습니다.

컴배티브

 컴배티브(Combative)는 카투사 예비역들에게도 익숙치 않을 수 있는 용어인데요, 주로 전투부대 혹은 전투 MP들이 받는 훈련입니다. 좀더 체계적으로 들어가면 컴배티브 스쿨(Combatitive School)이 개설되어 그곳에서 훈련을 받기도 하고, 훈련받은 사람이 중대에서 따로 가르치기도 합니다.

　이 훈련학교에서는 교육을 4단계로 진행합니다. 1단계는 1주, 2단계는 2주, 3단계는 1개월 반이나 소요되는 훈련입니다. 4단계는 교관 과정인데, 주한미군에는 4단계는 없다고 보면 됩니다. 대부분 1단계를 마치면 수료증을 주지만 떨어지면 유닛에서 놀림을 당합니다. 3단계부터는 기간이 길기 때문에 가고 싶다고 갈 수 있는 것이 아닙니다. 내가 가 있는 동안 대신 누군가가 그만큼 근무를 많이 해야 하기 때문에 쉽게 보내줄 수 있는 게 아니죠.

　여기서 하는 훈련은 레슬링이나 UFC에서 보는 입식타격과 비슷합니다. 그만큼 거칠고 힘들기 때문에 기절하는 일도 많습니다. 코피를 흘리거나 얼굴이 붓는 것은 다반사입니다. 이 훈련은 대체로 전투부대에서 체력증진과 실제 백병전 상황을 대비해서, 그리고 단합 차원에서 한다고 보면 됩니다. 미군들 중에는 힘이 장사인 녀석들이 있습니다. 1:1로 마주 앉아서 힘으로 상대방을 제압하는 훈련이다보니 그런 녀석들과 맞붙으면 아주 죽어납니다. 1시간 정도 훈련하는 경우도 있지만 심하면 하루종일 할 수도 있습니다. 그러면 체력적 열세에 있는 우리 카투사들이 100% 불리합니다. 미군 소대 전체를 이기는 것은 불가능하니, 몇 명이라도 이겨볼 생각으로 하시면 충분합니다. 하지만 이 훈련은 안 하는 부대가 더 많으니 너무 걱정은 마세요.

훈련 나가서 먹고 자기
훈련 식량과 훈련 숙소

▎ 맛있는 전투식량 MRE

훈련을 나가면 식사 때에 전투식량을 먹습니다. 전투상황을 모의훈련하는 것이니 당연합니다. 이때 전투식량으로 나오는 것이 MRE(Meal Ready to Eat)입니다. 우리 윗세대 분들은 씨레이션(C Ration)이라고 불렀던 전투식량이 개선되어 나온 것이지요.

MRE는 1986년부터 미군에 본격적으로 지급되었는데, 처음에는 12가지로 나오다가 2001년부터 24가지로 종류가 늘어났습니다. 각종 스테이크, 치킨, 칠리빈, 라자냐, 베지 버거, 스파게티, 포크 소세지, 미트볼, 포크립, 칠리 앤 마카로니, 비프 스튜 등뿐 아니라 회교도용 식량도 따로 있습니다. 뭐가 맛있는지 골라 먹어보려고 시도는 하지만, 12개들이로 박스째 지급되기 때문에 다른 맛을 골라 먹기는 쉽지 않습니다.

MRE 안에는 물을 소량(2 숟가락 정도. 그 이상 부으면 물이 끓어 넘칩니다) 넣고 펄펄 끓여서 식사를 데워주는 도구(1992년부터 포함되었는데 아주 획기적인 도구입니다), 주식, 부식(빵, 비스켓, 크래커), 후식(초콜렛, 캬라멜, 케이크), 새끼손가락보다 작은 타바스코 소스, 소금, 휴지, 껌, 물티슈, 식기 등이 들어가 있습니다. 다 먹고 위생까지 챙기라는 거죠.

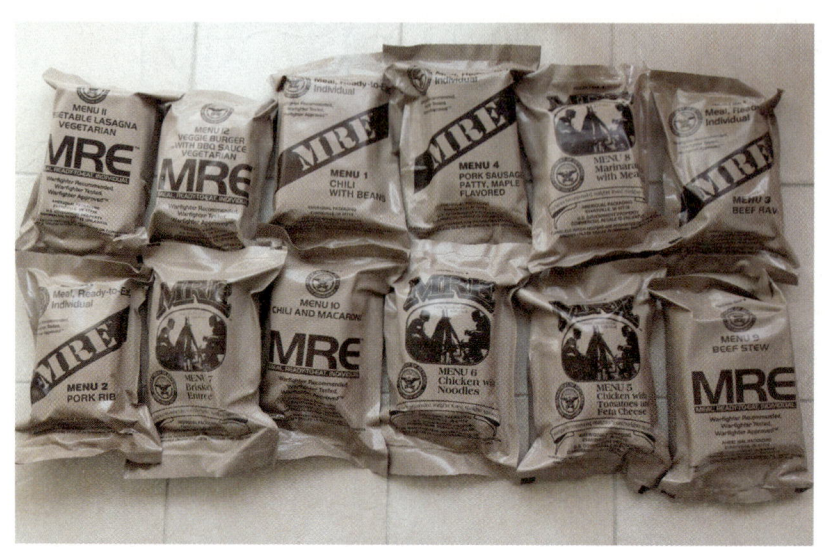

▲ MRE는 한 박스에 안에 12개 들어 있습니다.

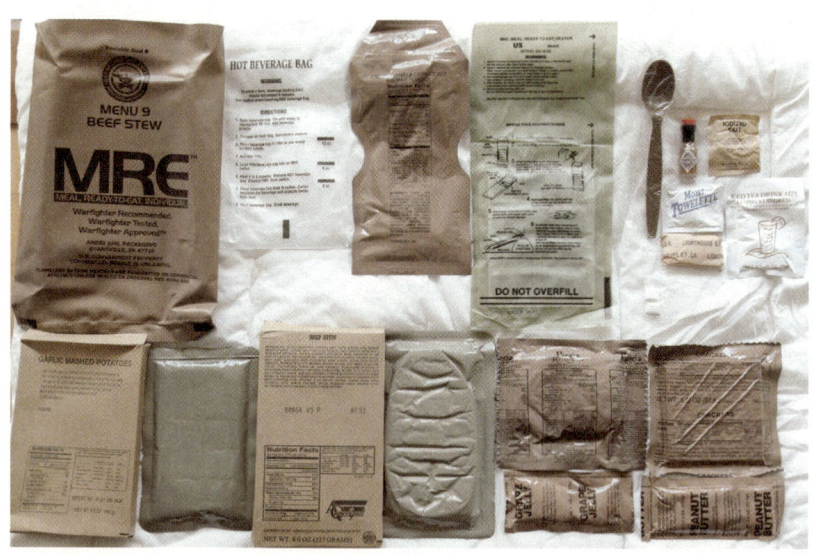

▲ 속봉지를 뜯으면 다양한 식품과 기구가 들어 있습니다.

전투용인 만큼 초고열량(한 팩에 1200칼로리)입니다. 전투 시 화장실 사용을 줄이려고 섬유질 함량을 최소화했기 때문에 이걸 이삼일 먹으면 변비가 생기는 병사들도 있었습니다. 게다가 내내 이것만 먹으면 질립니다. MRE는 유통기한이 36개월인데요, 샘플 검사를 해서 괜찮으면 36개월을 더 줄 수도 있습니다. 최장 90개월까지 유통기한 설정이 가능하지만 대부분 40개월 안에 소비됩니다. 궁금하신 분들은 한두 번 구입해서 먹어봐도 좋지만 자주 드시는 것은 추천하고 싶지 않네요.

MRE에 대한 안 좋은 추억이 하나 있습니다. 파주 위쪽으로 험비를 타고 올라가면 동네 초등학교 아이들이 반가워하며 뛰어옵니다. 험비를 둘러싸고 이 아이들이 외칩니다.

"기브 미 엠알이(Give me MRE)."

한국전쟁 당시와 그 직후에 어린아이들이 미군부대 앞에서 "기브 미 쪼꼬렛"을 외쳤다는 얘기는 들어봤지만 21세기에 이런 말을 듣다니 충격적이었습니다. 아이들이 형편이 좋지 않아 보였으면 안타까워서 이해할 수 있었을지 몰라도, 전혀 그런 아이들이 아니었습니다. 깔끔하고 멀쩡한 아이들이었거든요. 아마도 언젠가 미군이 준 MRE를 먹어보고 맛있는 간식거리라고 생각하고 훈련 때마다 달려와서 얻어가는 것이겠죠.

훈련 나갈 때 험비에 싣고 나가는 MRE 양은 과하게 많습니다. 전투 상황을 대비하는 것이라 그런지 무조건 남습니다. 그러니까 별 부담 없이 꼬마애들에게 나눠주기도 하고, 때로는 한국군과 바꿔먹기도 합니다. 가게에 MRE를 드리고 물건으로 바꿔오는 병사들도 있더군요. 훈련이 길어지면 맨날 MRE만 먹기 지겨우니까 아침에는 식사차가 와서 빵이나 스크램블 에그같은 식사를 줄 때도 있고, 낮에는 gut truck 혹은 Roach-Coach라고 부르는, 한국군의 황금마차에 해당하는 부식차가 오기도 합니다.

▌ 미군 텐트는 따뜻하다

필드 훈련을 나가면 텐트 치고 야영을 합니다. 겨울에 필드 훈련을 하면 추워서 정말 힘든데요, 그래도 텐트 안은 따뜻합니다. 한국군으로 제대한 예비역들은 이 말을 들으면 무척 부러워들 하더군요. 군용 텐트는 아주 두껍습니다. 보통 10~20인용 텐트를 설치하는데, 너무 무거워서 4~6명이 들도록 되어 있습니다. 너무 두껍고 무거우니 여름엔 텐트 안 온도가 바깥보다 5도는 높습니다. 겨울엔 그만큼 보온이 되지요. 하지만 야영지의 날씨는 도시와 비교할 수 없을 정도로 춥습니다. 미군부대에서는 텐트 안에 난로를 피워줍니다. 한국군 훈련에서는 난로가 없지요.

게다가 서양 아이들은 절대 땅바닥에서 못 자기 때문에 개인용 간이 침대를 싣고 다닙니다. 조립해서 설치하는 철제 침대입니다. 제 키가 184cm인데 딱 맞습니다. 침대가 땅바닥에서 올라오는 찬 기운을 막아주고 난로가 텐트 안에 따뜻한 공기가 돌게 하니 겨울 훈련도 할 만합니다.

한번은 MP 소대 혹한기 훈련을 한답시고 막사 바로 앞에서 땅바닥에 침낭 깔고 자는 훈련을 한 적이 있습니다. 그때는 침대가 없다고 가정하고 땅바닥에 침낭 깔고 자는데, 카투사들은 대체로 별 무리 없이 자지만 미군들은 정말 힘들어합니다.

목욕하라고 목욕차가 오기도 합니다. 저는 굳이 저기서 씻어야 되나 싶어 들어가본 적은 없습니다. 여군들은 유닛에서 배려해서 훈련 중간에 부대로 돌아가서 샤워하고 돌아오기도 합니다. 미군에서는 개인위생을 정말 중요하게 생각합니다.

코인

필드에서 훈련을 하다보면 중간 중간에 별(General)들이 돌아다닙니다. 훈련이 잘 돌아가는지 점검도 하고 긴장도 주고 격려도 하기 위해서지요. 미군 장군들은 생각보다 권위적이지 않습니다. 필드에서나 부대 안에서나 수행인원도 별로 없이 운전병하고 둘이서 돌아다닙니다. 기껏해야 수행장교 1명 정도 더 붙는 것 외에 더 많은 사람들을 몰고 다니는 것은 본 적이 없습니다.

제가 있던 캠프 스탠리에서 해프닝이 하나 있었습니다. 게이트에서 근무하고 있던 UP(Unit Police: 각 유닛에서 게이트를 담당하기 위해 돌아가면서 1명씩 나와 있습니다) 미군 한 녀석이 게이트로 들어오는 차 한 대를 검문했습니다. 차에서 창문을 내리니 그 안에는 투 스타(Major General: 소장)가 타고 있던 겁니다.

웃으면서 "나 장군이다. 들어갈게" 하니까, 이 사병 왈, "신분증과 통행증을 보여주십시오. 없으면 못 들어갑니다." "나 장군이라니까. 열심히 하는구만. 문 열어줘." "안 됩니다. 신분증과 통행증 없으면 안 됩니다."

자칫하다간 난리날 수도 있는 상황인데 그 장군은 웃으면서 돌아갔고, 결국 그 사병에게 상을 줬다는 후문입니다.

필드에서 장군들이 돌아다니면서 수고했다고 사병에게 악수를 건넬 때가 있습니다. 그때 악수하려고 손을 마주 잡으면 코인(coin)이 내게로 전달됩니다. 사단 혹은 중대나 소대 코인인데 특별히 쓸모가 있는 것은 아니고 단순한 기념품이지만 받으면 왠지 기분이 좋습니다. 장군들만 주는 것은 아니고, 소대장이나 소대 선임하사, 중대장들도 악수하거나 진급시키면서, 혹은 상을 주면서 코인을 나눠줍니다. 저도 세 개 정도 받았는데

한 개는 중간에 웨스트포인트 출신 소대장이 빌려가서는 돌려받지 못하고 영영 제 손을 떠났습니다. 카투사들이 전역할 때면 각 유닛에서 명판(plaque)을 만들어서 선물로 주는데, 그 안에 코인을 넣어서 주기도 합니다.

▲ 코인(좌)과 명판(우)

|알아두기| **미군 군가 알아보기**

군가(cadence)는 전 세계 군대에 존재합니다. 내부결속을 다지고, 가슴을 뜨겁게 하고, 하나의 목적을 향해 달려가게 하는 데에는 군가만 한 것이 없죠. 군가는 군인들 사이에서뿐만 아니라 일반인들에게도 익숙합니다. '사나이로 태어나서 할 일도 많다만~', '전우의 시체를 넘고 넘어~' 같은 군가는 널리 알려져 있지요.

군대에서는 훈련소에서부터 군가를 부릅니다. 훈련과 훈련 중간에, 훈련장으로 이동할 때, 대기하고 있을 때 등 기회가 생길 때마다 군가를 부르지요. 그래서 훈련소에서 군가를 가르치기도 합니다.

군가는 대부분 그렇게 길지 않습니다. 딱 찬송가 정도의 4소절로 구성이 된 것이 대부분입니다. 2절, 3절로 이어지는 경우도 많지 않고요. 단순하지만 진지하게, 그리고 애국심을 고취시키는 가사로 구성되어 있습니다.

한국군이 부르는 군가는 웅장하기도 하고 종류도 다양하지만, 미군 군가는 조금 다릅니다. 한국군 군가에 비해 말이 안 되거나 웃기는 가사도 꽤 있고요. 단순하게 음률을 맞추기 위해 가사를 사용한 군가도 있습니다. 물론 웅장하고 멋있는 군가도 있습니다. 각 부대 중창단이 출전해서 군가를 겨루는 '군가 대회(cadence competition)'에서 부르는 군가들은 멋있습니다. 이 대회 영상은 유튜브에서도 찾아볼 수 있습니다.

　미군 군가 중 PT 할 때 주로 부르는 군가에는 의외로 Airborne(공수부대)이나 Marine(해병대)이 언급되는 가사가 많습니다. 공수부대나 해병대가 훈련 강도가 높다보니 군가가 발달되어 있을 수도 있고, 그들을 동경하면서 부른다고 볼 수도 있지요.

　이들 군가는 멋있어 보이기도 하고, 선창-후창으로 이어 부르기도 좋고, 멜로디나 가사가 단순해서 미군과 카투사가 함께 부르기에 편합니다. 미군들은 다함께 부르는 제창보다는 선창, 후창의 개념을 더 좋아하는 듯합니다. 선창-후창으로 이어지는 노래가 아닌 경우에는 PT 인솔자가 노래를 한 소절 불러주고 나머지는 따라 부릅니다. 돌림노래 같다고 생각하시면 됩니다. 선창과 후창은 음이 거의 동일합니다. 언뜻 테트리스 음악 같은 단순한 멜로디를 선창자가 먼저 부르면 후창자는 그 소절을 그대로 따라하면 됩니다. 책이라 음성을 제공할 수 없어서 아쉽습니다만, 들어보시면 "아, 그거!"하고 바로 아실 겁니다. 영화에도 정말 많이 나오거든요.

　미군 군가를 외워서 입대하면 조금 편리하기는 하지만, 그런 정성까지 들일 필요는 없습니다. 앞에서도 말씀드렸지만 엄청 단순해서 금방 배우거든요.

　유명한 군가 몇 개 소개해드리겠습니다. 간단한 내용이니까 번역은 달지 않았습니다. 직접 분위기를 느껴보세요.

The Army Goes Rolling Along

First to fight for the right,
And to build the nation's might,
And the Army goes rolling along
Proud of all we have gone
Fighting till the battle's won
And the Army goes rolling along
Then it's hi! hi! hey!
The Army's on its way
Count off the cadence loud and strong
For where we go,
You will always know
That the Army goes rolling along.

No Sweat

One mile - No Sweat
Two miles - Better yet
Three miles - Gotta run
Four miles - Just for fun
Come on - Let's go
We can go - Through the snow
We can run - To the sun
We train - In the rain
A - I
R - B

O - R
N - E
Can you be - Like me?
Airborne - Infantry

▶ 왼쪽을 선창하면 오른쪽을 병사들이 후창합니다.

"A" is for Airborne

A is for Airborne
I is for in the sky
R is for rough and tough
B is for born to fly
O is for on the go
R is ranger
N is for never quit
E is for every day
Cause I'm Airborne
All the way
Super-duper paratrooper

카투사의 사생활, 이런 게 궁금해

★ 나인 투 파이브를 경험하다 카투사 근무시간
★ 카투사에만 있다 한국군과 카투사의 다른 점
★ 부대 안에도 학교가 있다 훈련학교와 기장
★ 부대 내 생활 엿보기 부대 내 편의시설
★ 막사 생활 대공개 1 막사 안 공용공간
★ 막사 생활 대공개 2 막사에서의 일상

나인 투 파이브를 경험하다
카투사 근무시간

▎미군에게 군대는 직장이다

편의점이 한창 우리나라에 들어오기 시작할 무렵 9 to 5라는 업체가 있었습니다. '나인 투 파이브'는 영어권 관용표현인데, 오전 9시에 근무를 시작해서 오후 5시에 퇴근한다는 뜻이지요. 우리나라 직장인들에게는 꿈 같은 얘기지만 서양에서는 많이들 그렇게 합니다. 우리나라는 아직도 퇴근 때가 되면 서로 눈치를 보지만 서양은 말 그대로 '칼퇴근'합니다. 초과근무나 야근 같은 것이 거의 없습니다. 일단 야근해야 하는 상황을 이해를 못하고, 야근을 할 경우는 1.5배 이상 초과급여를 주어야 하기 때문에 회사 입장에서도 굳이 시키지 않습니다. 우리나라도 원칙은 그렇지만 실제로 잘 지켜지지는 않죠.

이 같은 근무형태는 미군부대에서도 동일하게 적용됩니다. 미군은 우리 한국군과 달리 모병제라서 100% 직업군인입니다. 한국군이 10여 만원 정도의 월급을 받고 군복무하는 것과 달리, 미군은 입대하는 순간 이병(PVT)부터 1,567달러, 일병(PFC)은 1,756달러, 상병(SPC, CPL)은 1,847달러 이상의 월급을 받고, 3년 정도 지나 병장(SGT)이 되면 2,232달러(약 240만원) 넘게 받습니다(2016년 기준).

Pay Grade	Years of Service				
	Over 18	Over 20	Over 22	Over 24	Over 26
O-10 See Note 1		16072	16151	16487	17072
O-9		14057	14260	14552	15062
O-8	12827	13319	13647	13647	13647
O-7	12044	12044	12044	12044	12105
O-6 See Note 2	9272	9721	9977	10236	10738
O-5	8281	8506	8762	8762	8762
O-4	7430	7430	7430	7430	7430
O-3	6365	6365	6365	6365	6365
O-2	4678	4678	4678	4678	4678
O-1	3692	3692	3692	3692	3692
Commissioned Officer With Over 4 Years of Active Service as an Enlisted Member or Warrant Officer					
O-3E	6793	6793	6793	6793	6793
O-2E	5418	5418	5418	5418	5418
O-1E	4584	4584	4584	4584	4584
Warrant Officers					
	Over 18	Over 20	Over 22	Over 24	Over 26
W-5		7189	7554	7826	8127
W-4	6312	6524	6836	7092	7384
W-3	5762	5992	6131	6278	6477
W-2	5091	5257	5367	5454	5454
W-1	4783	4956	4956	4956	4956

▲ 미군 급여표

직업으로 군대에 있는 것이니 당연히 근무시간도 미국사회와 동일합니다. 오전 9시에 일과 시작, 12시부터 1시는 점심시간, 그리고 오후 일과는 5시에 끝납니다. 사회와 다른 것이 있다면 오전 6시에 PT를 해야 한다는 것과, 오후 5시에 일과가 끝나더라도 부대를 벗어나는데 일정 제한이 있다는 것 정도지요.

한국군도 조건이 같습니다. 오전 9시에 일과를 시작해서 오후 5시면 일과가 끝나고 그 이후는 자유시간입니다. 예비역들은 아시겠지만, 한국군에서는 자유시간이 주어져도 소대생활을 하기 때문에 그것을 누리는 데는 한계가 있습니다. 적게는 15명 많으면 30~40명이 한데 묶여서 생활을 하니, 이병, 일병들은 고참들의 눈치를 볼 수밖에 없지요. 그리고 오후 10시면 점호하면서 점검을 받고 소등도 해야 하므로 완전한 자유시간이라고 말할 수 없습니다. 우리는 징병제라 의무로 강하게 묶여 있으니 어쩌면 당연한 것이지요.

미군은 취침점호가 있을까요? 당연히 없습니다. 몇 군데 점호하는 부대가 있긴 합니다. 캠프 잭슨에서는 KTA, BLC(WLC) 같은 훈련과정이 이루어지기 때문에 취침점호가 있습니다.

▎일과 후 군복 착용은 규정위반

오후 5시가 되면 모두 퇴근해서 막사로 돌아와 군복을 벗고 사복으로 갈아입습니다. 한국군은 정해진 체육복이나 내의로 갈아입는데, 미군과 카투사는 일과 이후엔 복장규정이 없습니다. 다만 일과가 끝난 후에는 군복을 입으면 안 됩니다. 이상하게 들릴지 몰라도 일과 후에 군복을 입고 있으면 오히려 규정위반입니다.

여러분도 기억을 더듬어보면 평소에 거리에서 한국군(육군, 해군, 공군) 군복을 입은 사람은 많이 봐도 카투사 군복 입은 사람은 거의 못 봤을 겁니다. 물론 일과 후에는 군복을 입고 싶지 않아서 그런 것도 있지만 제일 큰 이유는 규정위반이기 때문입니다. 카투사로 복무를 시작하면 가족들이 군복 입은 모습을 보고 싶어하시니 한두 번 입고 나오기는 하지만, 엄밀히 말하면 이것도 규정위반입니다. 일과 끝나고도 군복을 입었다고 해서 MP들이 잡지는 않습니다. 저녁과 밤에 근무하는 사병들도 많으니까 일괄적으로 규정위반을 적용하기는 어렵기 때문이죠.

일과 중에는 당연히 군복을 입어야 하고, 당연히 깔끔한 상태를 유지해야 합니다. 그리고 그 이후에는 사복을 착용합니다.

카투사에만 있다
한국군과 카투사의 다른 점

▎오프

카투사는 분명히 한국군 편제 하에 있는 한국군입니다. 하지만 근무지가 미군부대 안이라 미군의 영향도 받는 독특한 보직이지요. 따라서 일반 한국군의 생활과는 다른 점이 많습니다. 몇 가지 소개해 드리죠.

먼저, 카투사에는 오프(off), 즉 근무 외 시간이 있습니다. 앞에서도 말씀드렸듯 미군은 직업군인이라서 철저히 나인 투 파이브를 지킵니다. 일과가 끝나는 오후 5시 이후에는 특별한 일이 없는 한 자기 마음대로 지내도 됩니다. 통금(curfew)이 있는 전방부대나 전투부대를 제외하고는 밤새도록 나가서 놀아도 됩니다. 하지만 자정이 지나면 문 여는 곳이 많지 않고, 또 다음날 6시 PT도 해야 하니까 대부분은 밤 10시면 귀대합니다.

월요일부터 금요일까지는 미친 듯이 일하고, 주말에는 열심히 놀거나 쉬는 것이 미국사회의 특징입니다. 주중에 술에 쩔어 있다던가 하는 일은 드물죠. 그래서 주중에 사고치는 미군들은 극소수입니다.

대부분의 유닛은 대부분의 미국 회사가 그렇듯 월요일부터 금요일까지 일하고 금요일 저녁부터 주말을 맞이합니다. 그래서 우리에게도 익숙한 TGIF(Thank God, It's Friday: 주님 감사합니다. 이제 금요일이네요)라는 말이 나온거죠. 다시 말하면 대부분 유닛의 군인들은 금, 토, 일까지 이틀 반 정도를 오프로 보냅니다.

하지만 군대니까 돌아가면서 '당직(CQ: Charge of Quarters)'을 섭니다. 근무시간 이후에 밤새 막사에서 필요한 전화를 받고 인원점검 하는 일 등을 하지요. 소소하지만 그래도 책임질 부분이 있는 업무라서 상병(SPC)급 이상인 미군과 카투사가 함께 당직을 합니다. 부대에 따라 정문(gate) 보초를 서는 것도 각 유닛에서 맡을 때가 있습니다. 캠프에 규모가 큰 헌병중대(MP Co.)가 있으면 게이트 근무를 헌병이 맡습니다. MP들이 ID 조사와 통행증 발급 및 확인, 동행(escort) 허가 등을 관할합니다. 하지만 미군부대 수가 적은 것이 아니라서 모든 부대에 MP가 상주하지는 않습니다. 상주한다 하더라도 대규모가 아닌 경우가 있으므로 게이트 근무 역시 유닛에서 일부분 맡는 경우도 있습니다.

이건 미국 본토 부대(Port라고 부릅니다)와 차이가 있습니다. 본토에서는 무조건 게이트 근무는 MP들이 합니다. 한국에서는 상대적으로 안전하다고 보기 때문에 유닛에서 돌아가면서 근무를 하는 것이구요. 유닛에서 게이트 근무를 하는 것을 UP(Unit Police)라고 부릅니다. UP도 유닛에서 돌아가면서 하는 것이니 맘편하게 오프를 즐길 수는 없습니다. UP를 카투사가 맡아보는 경우는 드뭅니다. 당직과는 달리 UP는 상당히 많은 사람들을 상대해야 되기 때문에 영어가 능숙해야 되거든요. 따라서 영어를 잘 못하는 카투사는 잘 내보내지 않습니다.

주말에만 오프가 있는 것은 아닙니다. 미국은 휴일이 주말에 겹치면 다음날인 월요일이나 전날인 금요일에 쉽니다. 이를 three-day라고 부르죠. 무엇보다도 미국의 3대 휴일이라 할 수 있는 독립기념일(7월 4일), 추수감사절(11월 넷째 목요일), 성탄절 같은 경우 주말과 겹치게 되면 금요일부터 월요일까지 오프가 되는데, 이것을 four-day라고 부릅니다. 미국 휴일이 거의 매월 있으니까 1-2개월에 한번 정도는 three-day로 쉴 수가 있습니다. 필수근무자를 제외하고는 모두 외출과 외박을 받을 수 있지만, 메르스 같은 전염병이 창궐하거나 안보상의 위험이 고조되어 락다운이 걸리면 정기휴가자를 제외하고는 부대 밖으로 나갈 수 없습니다.

한편, 이 3대 휴일만큼 즐기는 날이 하루 더 있습니다. 미식축구인 수퍼볼(Super Bowl) 결승전입니다. 이날도 대부분 유닛에서 오프를 줍니다. 필수인원을 제외하고는 모두 TV 앞에 모여 광분하지요. 이날은 미국 본토에서 온 치어리더팀이 미군부대를 돌아다니면서 위문공연도 합니다. 이렇게 다들 즐기고 있을 때, 즉 미국 3대 휴일과 수퍼볼 결승전에도 MP들은 추가 근무로 오히려 긴장 속에 보냅니다. 특히 치어리더팀이 올 때는 차량호위와 사고방지에 투입이 되기 때문에 더 바빠집니다.

▎ 원대복귀

카투사로 입대한 인원에게 가장 두려운 단어가 있다면 바로 이걸 겁니다. '원복.' 원대복귀의 준말입니다. 카투사로 선발되어 미군부대에서 복무할 예정이었지만 미군부대에서 그 인원을 원치 않아서 한국군으로 돌려보내는 것입니다. '원복'이 되는 몇 가지 대표적인 경우가 있습니다.

미군부대에서 크게 사고를 쳐서 영창(prison)에 2주 이상 갔다 오면 원복 대상입니다. 하지만 미국 본토에서나, 혹은 전투가 벌어지고 있는 이라크, 아프가니스탄 등지에 파병된 미군이 아닌 이상 독일이나 일본, 대한민국 등에서 군법회의를 필요로 하는 사고를 저지르는 경우는 거의 없습니다. 사고 치면 대부분 본국으로 강제송환되던가, 아니면 한국 법정에 회부되어 한국 교도소에 들어갑니다. 몇 년 전만 해도 거의 이루어지지 않던 일이지만, 요즘은 큰 사고를 저지른 미군들을 대한민국 법정에 세워 대한민국 교도소에 수감하는 일이 가능해졌습니다.

어쨌든 한 성질하는 미군들도 큰일 없이 지내는데, 카투사들이 사고를 쳐서 2주 이상 영창에 가는 일은 거의 없습니다. 애인이 고무신을 거꾸로 신던가 집에 큰 일이 생겨도 오후 5시 이후에 주어지는 자유시간에 원하는 일을 할 수 있으니, 카투사가 탈영(AWOL: Absence Without Leave, 휴가증 없는 부재)을 한다던가 사고를 칠 리가 없죠. 그리고 한국군에서 종종 일어나는 총기휴대 탈영 사건도 그 가능성이 제로에 가깝습니다. 하지만 카투사 후임에 대한 선임의 가혹행위, 휴대전화 사용, SNS 사용규정 위반 등으로 적발되면 14일 이내의 영창처분을 받는 경우가 있으니 주의하세요.

원대복귀되는 대표적인 경우가 한 가지 더 있습니다. 앞에서도 언급했는데요, KTA의 후반기 교육에서 PT 테스트에 최종 불합격하는 경우입니다. 이때는 원복 가능성이 좀 높지요.

미군은 체력을 대단히 중요하게 생각합니다. 체력적으로 한계를 가지고 있고 시간을 줘도 개선하지 못할 정도라면 카투사로 받지 않겠다는 것이 요즘 강화된 PT와 맞물린 원복 규정입니다. 이렇게 원칙이 정해져 있기는 하지만, 실제로는 원복시키기 위한 규정이라기보다 PT를 향상시키려는 채찍에 가깝습니다. 실제로 PT 테스트에 실패해서 원대복귀한 사람은 아직 없습니다.

그래도 "설마 날 원복시키겠어?"라는 안일한 생각은 안 하시는 게 좋습니다. 엄연히 규정이 있으니 가능성은 있으니까요. 보내면 가면 되지 뭐, 이런 생각도 하지 마시길 바랍니다. 높은 경쟁률을 뚫고 카투사에서 어학연수와 다름없는 생활을 할 수 있는 행운을 얻었는데, 이런 기회를 놓친다는 건 카투사 선배로서 너무 안타까운 마음이 들거든요. 게다가 카투사에서 한국군으로 원대복귀된다면 적응하기가 꽤나 힘들 겁니다.

영어 정훈교육

미군과 한국군, 그리고 한국사회에 가교 역할을 하기 위해 영어가 어느 정도 되는 인원을 선발해서 복무하게 하는 것이 카투사입니다. 하지만 토익 780점이 넘는다고 영어를 다 잘하는 것은 아닙니다. 시험영어와 실생활에서 부딪히는 영어는 분명히 다른데다가, 영어에 지속적으로 노출돼도 목적 의식 없이는 영어 실력이 늘지 않지요. 그래서 카투사들은 일주일에 1회, 못 해도 1개월에 1회는 모여서 영어교육을 받습니다. 2세나 1.5세 혹은 유학생, 그리고 영어를 잘하는 SK 주축으로 교육합니다. 미군과 부딪히는 구체적인 상황이나 에피소드를 함께 나누며 사례별로 공부하든가 교재를 가지고 함께 스터디를 하든가 하죠.

보통 영어 정훈교육과 카투사를 모아놓고 하는 한국군 지원대장의 '훈시'가 같이 이루어집니다. 또 신병(후임)이 계속 자대배치를 받으므로 소개하고 인사하는 시간도 함께 갖지요. 신병들에게는 끔찍한 시간일 수 있지만 가혹행위나 무리한 요구가 없다면 필요한 시간이기도 합니다. 제가 있던 MP Co.는 카투사만 50여 명이었는데, 중대에서는 새로 신병이 들어오면 50명을 이름과 계급순서로 외우게 하더군요.

그냥 이름과 계급을 외우는 정도면 다행인데, MP의 OJT(On-the-Job Training)는 상당히 강도가 셉니다. MP 근무를 위해서 외워야 하는 수많은 번호들, 근무상황별 대처법, 각종 양식서와 그 번호, 프로토콜, 각종 총기류(MP가 다루게 되는 총기는 그 종류가 상당합니다. 거의 모든 총기를 다룬다고 볼 수 있지요) 분해와 조립 등을 해야 하니 만만한 일이 아닙니다. OJT 책만 해도 수백

페이지에 이릅니다.

여하간 파견소대에서도 영어 정훈교육을 실시해야 합니다. 매일 중대본부에 있는 한국군 지원대장에게 전화해서 보고해야 하고, 미군도 수시로 보기 때문에 우리가 교육 중이라는 것이 눈에 보여야 됩니다. "일주일에 1회씩 교육하는 것이 우리에게 하달된 지시사항이므로 건드리지 마라"라는 일종의 시위의 성격도 있어서 놀고 있을 수는 없습니다. 제 윗선임이 SK일 때 한번 영어 정훈교육을 빼먹은 적이 있습니다. 그런데 하필이면 그때 한국군 지원대장(상사)이 우리 부대를 예고 없이 방문해서 난리가 난 적이 있었죠.

카투사 위크

1년에 한번 일주일 동안 '카투사 위크'라는 주간을 보냅니다. Area별로 행사를 치르기 때문에 Warrior Friendship Week, Korea-USA Friendship Week 등 부르는 이름은 다양합니다. 이때는 미군과 카투사, 그리고 한국군까지 섞여서 소대/중대별로 농구, 야구, 축구, 줄다리기 시합도 하고, 미군들을 데리고 한국사회로 데리고 나가는 투어도 실시하고, 외부인들을 부대 안으로 초대해서 파티를 하기도 합니다. 한국에 근무배치 받아서 1년이나 2년을 복무해야 하는 미군들에게 한국과 카투사에 대한 이해를 도와주겠다는 것이 그 취지입니다.

이때는 모두가 즐겁게 잘 놉니다. 특별히 훈련이나 근무도 없고 함께 즐길 수 있는 시간이라서 편안하지요. 그리고 크게 두각을 드러내지 않고 있던 카투사들 중에도 농구실력이 괜찮은 편이라면 미군들에게 인정받을 수 있는 좋은 기회가 됩니다.

평소에도 지인들을 부대에 불러서 부대 안을 구경시킬 수 있습니다. 물론 군사비밀에 해당하는 곳은 제외하고요. 사진촬영에도 제한이 있습니다. 미국인들은 신고정신이 투철한 편이어서, 민간인으로 보이는 사람이 있지 말아야 할 곳에 있던가 사진을 찍고 있으면 바로 MP에게 신고합니다. 그래도 우리 아들이 어떤 막사에서 잠을 자는지, 어떤 울타리 안에서 내 남자친구가 살고 있는지를 궁금해 하시니까 함께 다니며 보여줄 수 있습니다. 스낵바에서 미군 음식도 사먹어 보고요. 카투사 면회는 그저 미군부대에 와서 미국사회를 한번 둘러보고 간다는 것에 의의가 있다고 보면 됩니다. 그래서 평소보다 떠들썩하게 놀고 지내는 카투사 위크 때 와서 둘러보는 것도 권할 만합니다.

▲ 카투사 위크 때 찍은 사진입니다. 한국문화 탐방도 하고 놀이공원에도 가고 체육대회에서 함께 부딪치면서 서로 친해지는 계기가 됩니다.

부대 안에도 학교가 있다
훈련학교와 기장

▎학교 수료하고 기장 따기

미군부대에는 훈련학교(school)가 있습니다. 용산 미군부대 안에는 미군과 가족을 위해 메릴랜드 대학교 분교가 있지만 그걸 말하는 것은 아니고요, 사병들이 승진 점수를 받기 위한 각종 단기 훈련학교를 말합니다. 이런 훈련학교의 종류를 다 나열할 필요는 없겠지만 대략 공중강습 학교(Air assault school), 저격수 학교(Sniper school), 무기병 학교(Armor school), 보병 학교(EIB school), 의무병 학교(Medic school), 야전 의무병 학교(EFMB school), 공수 학교(Airborne school) 등이 있습니다. 이 외에 BLC(WLC)도 있고, BLC를 수료한 부사관들이 밟는 ALC(Advanced Leader Course)도 있습니다. 훈련 기간은 짧으면 일주일이고, 대체로 1개월 안에 수료합니다.

이들 훈련학교는 필요한 전문인력을 만들기 위한 것인데, 이런 과정을 수료해야 점수가 쌓이고 승진할 수 있어서 미군들은 굉장히 가고 싶어 합니다. 기본적으로 미군들의 필요와 승진에 필요한 것이기 때문에 카투사들은 많이 가지 않습니다.

먼저 보병 학교 EIB school를 예로 들어볼까요. 전투에 참가하기만 하면 주는 CIB(Comabt Infantry Badge)와는 다른 것으로, EIB는 Expert Infantryman Badge, 즉 '우수보병기장'의 약자입니다. 5일 동안 진행하는데 완전군장으로 12마일 행군, PT, 무기분해 및 조립, 의무(medic), NBC(화생방), 통신, 화력지원 등 30~35가지 항목을 테스트합니다. 총 세 차례의 기회를 주어 합격/불합격을 가리죠. 미군 합격률은 20%, 카투사 합격률은 40%밖에 되지 않습니다. 공수 학교는 현재 한국에는 없습니다. 가장 힘들다는 야전 의무병 학교 EFMB는 합격률이 20%랍니다. 체력, 사격, CPR(심폐소생술), 완전군장으로 3시간에 20km 행군 등과 함께 필기 및 실기시험을 6일 간 진행합니다. 그러니 수료하면 상당한 자부심이 생기죠. 통과하면 학교의 종류에 따라 왼쪽 가슴에 부착하는 기장(badge)을 줍니다. EIB(Expert Infantryman Badge: 우수보병기장), EFMB(Expert Field Medical Badge: 우수야전의무기장), CIB(Combat Infantry Badge: 보병전투기장) 등이 대표적입니다. 그중 CIB는 전투지역에 참전만 하면 얻을 수 있습니다.

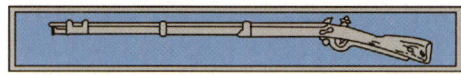

▲ EIB 배지(좌), CIB 배지(중), EFMB 배지(우).

의무 학교 수료기

저도 상병(CPL) 때 미군 녀석과 의무병 학교(Medic school)에 일주일 정도 다녀왔습니다. 인디언헤드를 어깨에 부착한 2사단 장병이기는 하지만 MP는 하는 일이 많아서 잘 안 보내기 때문에 저도 그렇고 다들 의아해했죠.

교육은 제가 있던 의정부에서 하는 것이 아니고 동두천 부대에서 하는 것이라 거기 MP 중대에 가서 숙식하며 교육과정을 수료했습니다. 동두천 미군부대(캠프 케이시)는 밖에서 보는 것과는 다르게 엄청나게 넓습니다. 그래서 MP 막사에서 차(험비나 명진버스)를 타고 30분은 더 들어가야 겨우 교육장에 갈 수 있었습니다. 그곳에 가보니까 카투사는 저밖에 없더군요.

5일 정도 이곳에서 의무(medic)에 관한 자세한 이론을 배우고, 쉬었다가 또 강의 듣고, 책자 보면서 공부하고, 밥 먹고 또 모여서 수업 듣고 시험 보고를 며칠 간 반복했습니다.

이론과 교재, 차트 중심으로 진행되던 수업은 마지막 날 '실습'으로 정점을 찍습니다. 물론 전투 중 동료가 다치면 운반 및 후송을 해야 할 테니 들쳐메고 뛰어가고, 들것(stretcher)에 눕혀서 운송하고, 부목도 대보고, 붕대도 감아보는 식의 간단한 실습은 첫날부터 합니다.

하지만 의무병 학교에서 마지막에 하는 실습은 뭘까요? 네, 바늘을 상대에게 찔러보는 일입니다. 엄청나게 무섭더군요. 간호사들도 진짜 사람한테 주사 놓기 전에 먼저 사과에다 연습하기도 하면서 손에 익힌다는데, 저희는 이론 공부 후에 바로 찌릅니다. 바늘이 들어가는 각도가 너무 급해도 안 되고 너무 완만해도 안 된다, 찌른 다음에는 조금 눕혀서 비스듬히 들어가도록 해라, 잘 들어갔는지 확인한 후에 수액을 연결해서 짜라…. 정말 무섭더군요.

같이 간 미군 녀석은 팔에 혈관이 정말 좋았습니다. 1cm는 족히 되어 보이는 혈관이라 큰 문제없이 들어가더군요. 근데 전 키와 몸집에 비해 혈관이 좀 가늘어서 녀석이 힘들어했습니다. 그 바람에 팔에 멍들고 아프고 견디기 힘들었지요. 바늘을 찔러서 수액이 문제없이 들어가는 것을 교관들이 확인하면 거기서 수료증을 줍니다.

부대 내 생활 엿보기
부대 내 편의시설

▎도서관

미군은 100% 직업군인이니까 부대 안에 군인들을 위한 편의시설들이 있습니다. 특히 자국 내에 있는 부대가 아니라 외국에 있는 부대라면 편의시설이 더 많지요. 이런 미군부대 안에 있는 편의시설들을 알려드릴까 합니다.

　전입오자마자 하는 일 중 하나가 도서관에 가서 도서관 아저씨에게 인프로세싱(전입수속 절차)을 해서 도서관 카드를 발급받는 것입니다. SK가 저를 도서관에 먼저 데리고 가더군요. 복무 중에 책, CD, DVD 등을 빌릴 수 있도록 군번과 인적사항, 사진 등을 제출하고 도서관 출입증을 교부받는 일을 먼저 했습니다. 그때 부대 안에 이런 시설이 있다는 것에 굉장히 놀랐죠. 군대와는 어울리지 않는 하얀 벽에 대단히 미국적인 분위기의 장소거든요.

　설레는 맘으로 출입증을 발부받았지만 사실 2년 동안 몇 번 안 갔습니다. 오프 때마다 밖에 나가기 바쁘고 근무 끝나도 놀기 바쁘거든요. 지금 와서 생각해보면 좀 후회되기도 합니다.

　미국은 동네마다 작은 도서관들이 꽤 있는데, 미군부대 도서관도 딱 그런 느낌입니다. 서울 시내 구립이나 시립 도서관 같은 거대한 규모가 아니고, 아담하고 아늑합니다. 제 기억으로는 포근한 느낌이었습니다. 제가 가본 중에서는 용산에 있는 도서관이 최고더군요.

▎ 영화관

앞에서도 말씀드렸지만 미군부대가 용산이나 평택에만 있는 것은 아닙니다. 그 두 곳이 가장 클 뿐이고, 최전방을 비롯해서 수십 군데에 미군부대가 흩어져 있습니다. 이 중에서 어느 정도 규모가 되는 부대에는 영화관이 있는데, 여느 영화관처럼 콜라와 팝콘도 팝니다. 그런데 일반 영화관과 조금 다른 점이 몇 가지 있습니다.

첫째, 관람료가 없습니다. 군부대 안에 있는 군인들을 위한 시설이니까요. 하지만 사병만 무료관람이고 장교나 가족 등 민간인은 소액을 지불해야 합니다.

둘째, 멀티플렉스 상영관은 많지 않습니다. 제한된 인원을 대상으로 상영하고 있으므로 여러 영화를 틀어줄 이유가 없지요. 규모가 큰 부대라면 2개 정도의 영화관을 운영하지만, 그리 크지 않은 부대는 1개만 운영하고 상영도 매일 하지 않을 수도 있습니다.

셋째, 영화 시작 전에 미국 국가(The Starspangled Banner)를 연주하고 모두 일어나서 따라 부릅니다. 군인들이니까요. 카투사들은 모르니까 안 부릅니다. 그래도 상대국가에 대해 기본적인 예의를 지키는 차원에서 카투사도 함께 일어납니다. 미국 국가가 끝나면 영화가 상영되지요.

넷째, 이게 개인적으로 제일 좋은 점인데요, 무삭제입니다. 야한 것을 바라고 좋아하는 게 아니고요, 감독이 의도한 것을 그대로 접할 수 있어서 좋습니다. 우리나라에 수입되는 영화는 야하다, 폭력적이다, 길다, 불

필요하다 등의 수많은 이유로 난도질을 당합니다. 하지만 여기서는 삭제나 모자이크 없이 그대로 보여줍니다. 별것 아닌 것 같아도 삭제가 없으니 자유를 누리는 느낌이 듭니다.

다섯째, 자막이 없습니다. 미군부대는 미국이니까요. 미국 안에서 영화 본다고 생각하시면 됩니다. 그래서 난해한 영화는 추천하지 않습니다. 저는 여기서 처음 봤던 영화가 『매트릭스』였는데, 이해하기가 어려웠습니다. 매트릭스라는 개념 자체가 어려운데 그걸 영어로 봤으니. 카투사들이 영화 관람 후 다함께 논평회를 열었다니까요.

여섯째, 한국에서 수입하지 않은 미개봉 영화도 상영합니다. 여기는 미국이니까요. 가끔씩은 듣도 보도 못한 영화를 상영할 때가 있습니다. 그래도 예술영화는 안 틀어줍니다.

일곱째, 상당히 소란합니다. 미국 아이들의 자유분방함 때문인지, 군인이라 그런 건지, 정말 시끄럽습니다. 낄낄대고 소리지르고 손뼉치고, 난리 납니다. 카투사들은 소심하게 영화만 보는데 말이지요.

이발소와 볼링장

한국군에서는 보통 이발병이 이발을 해줍니다. 하지만 미군부대에는 이발소가 따로 있습니다. 이발사들은 역시 한국 아저씨들입니다. 한국의 이발 기술은 천하를 호령하지요. 어차피 군인 스타일이 다 똑같으니까 별다른 솜씨가 필요한 것은 아니지만요. 그래도 미군들은 원하는 스타일들이 있어 이것저것 요구하기도 합니다.

미군들은 이발할 때 7달러 정도의 이발 비용을 아저씨에게 지불하고 머리를 깎습니다. 하지만 카투사들에게는 1개월에 두 번 이발할 수 있는 쿠폰이 지급됩니다. 한국 돈으로 3천원 상당의 쿠폰인데, 한달에 두 번 이발하면 머리를 늘 깔끔하게 유지할 수 있지요. 쿠폰을 모아다 주면 안마도 해줍니다.

　부대 내 편의시설은 대부분 무료지만 볼링장만큼은 얼마간 이용료를 내야 합니다. 대체로 게임당 2달러 정도 지불하면 됩니다. 1시간에 20달러라고 생각하면 되는데, 아마도 유료라는 이유로 카투사 이용률은 그다지 높지 않을 겁니다. 볼링장은 규모가 큰 부대에만 있습니다.

카투사 PX

한국군은 PX병이 되면 소위 '수퍼 땡보'라고 부릅니다. 편하고 일도 없고 좋은 보직인 거죠. 미군부대에도 카투사 PX가 있습니다. 미군 일부와 카투사, 한국군 지원단에서 주로 이용하는 곳이지요. 하는 일은 한국군 PX와 거의 비슷합니다. 미군과의 교류가 상대적으로 적지만 PX 관리라는 까다로운 업무가 주어지니 만만한 보직이 아니지요. 카투사와 한국군 지원단에서는 물건이 많지 않다고 싫은 소리하고, 복지단과 미군 측에서도 잔소리를 듣는 가운데서도 카투사들이 조금이라도 더 저렴하게 이용하도록 도움을 주는 숨은 보직입니다. 모든 미군부대에 카투사 PX가 있는 것은 아니어서 뽑는 인원은 많지 않습니다.

　카투사 PX는 사실 굳이 이용할 이유가 없습니다. 그래서 아예 존재 자체를 모르는 카투사들도 있습니다. 한국군은 영외로 나가기 어려우니 영내에 있는 PX에 가서 무언가를 사야 되지만, 카투사는 부대 밖으로 나가는 것이 그다지 어렵지 않습니다. 물론 맘대로 나갈 수 있는 것은 아니지만요. 어쨌든 그래서 카투사 PX는 이용 빈도가 높은 곳은 아닙니다.

▌ 렉 센터

렉 센터(Reccenter: Recreation Center)는 말 그대로 레크리에이션(휴식, 쉼)을 할 수 있는 장소입니다. 캑(CAC: Community Activity Center)이라고 부르는 캠프도 많습니다. 이름과는 달리 부대 전체 시설물 중에서 가장 조용한 장소이기도 하지요. 미국 젊은이들의 정서, 특히 군인들의 정서와는 잘 맞지 않는 곳인지, 상사나 원사 아저씨들이나 장교들이 주로 있습니다. 포켓볼 당구대와 탁구대 등이 기본으로 있고, 편안한 소파가 있어서 앉아서 책 보면서 조용히 쉴 수도 있습니다. 캠프에 따라서 TV, X-BOX, DVD를 볼 수 있는 곳도 있고, 테이블 사커(foosball)나 핀볼(pinball) 등의 게임기가 설치된 곳도 있습니다. 악기나 앰프를 빌려서 사용할 수 있는 방음실도 있습니다. 한국군에 일부 있는 노래방 시설과 비슷하지만 모든 시설이 무료고, 시설이 크고 다양하다는 점이 다르네요. CAC과 도서관이 합쳐진 곳도 있고, PX와 함께 있을 수도 있습니다.

여기에서 간단한 스낵을 먹을 수도 있습니다. 캠프 스탠리의 렉 센터에서 먹은 1달러짜리 브라우니 맛은 가히 최고였습니다. 순찰 근무 중에 일하는 아저씨께서 하나 먹어보라고 주셨는데 정말 맛이 환상적이었습니다. 뜨거운 브라우니였는데 배스킨라빈스, TGI, 아웃백 스테이크, 베니건스 등에서 파는 브라우니는 비교가 안 됩니다. 따뜻한 브라우니를 한 입 베어물 때마다 치아에서부터 혀끝, 입안 전체로 퍼지는 촉촉함과 풍미, 달콤함과 적당한 쫀득함의 조화라니. 아직까지 그것과 비슷한 브라우니를 먹어본 적이 없습니다.

수영장과 랏지

모든 캠프에 있는 것은 아니지만, 어느 정도 규모만 된다면 대체로 수영장(Swimming Pool)이 있습니다. 전 수영을 싫어하기 때문에 들어가 본 적이 없습니다. 다른 카투사들도 잘 이용하지 않는 분위기지만 수영장 근처에 막사가 있는 카투사들은 종종 이용하더군요. 25m 풀도 있고 50m 풀을 갖추고 있는 곳도 있습니다. 실내수영장도 있고 실외수영장도 있습니다. 따라서 레인 수도 4개인 경우도 10개인 경우도 있습니다.

수영장이 있는 부대 안에는 방문객이나 가족들을 위한 숙소인 랏지(lodge)가 있을 수도 있습니다. 부대에 따라 그 수준이 비즈니스 호텔급부터 5성 호텔급까지 다양한데요, 용산의 Dragon Hill Lodge가 가장 좋다고들 합니다.

클럽

클럽(Club)은 수영장보다 숫자가 적습니다. 부대 내 인원이 어느 정도 되어야 수지타산이 맞기 때문이겠죠. 그래서 용산 클럽이 제일 유명합니다. 가장 큰 캠프니까요. 제가 있던 캠프 스탠리도 클럽이 잘 운영되었습니다. 장교들과 부대 안에 근무하는 미군속들이 주로 와서 스테이크 등 식사나 맥주 한 잔 하고 놀거나, 수퍼볼 할 때 미국 치어리더들이 와서 공연을 합니다.

보통 때는 클럽 출입을 안 하지만, 헌병 근무 중에는 들어가서 괜히 한 바퀴 돌다 옵니다. 여름에는 시원하고 겨울에는 따뜻하니까요. 일하는 분들 역시 한국사람이 많습니다.

카투사 스낵바

미군부대 안에는 온통 미국음식뿐인데요. 그래서 카투사 스낵바(KATUSA Snack Bar)가 따로 있습니다. 한국음식을 팔고 배달도 해주지요. 당연히 오토바이 배달도 합니다. 카투사들을 위한 곳이라 약간의 할인을 해주지만 미군들이 더 많이 시켜먹습니다. 저희 부대 미군들이 가장 많이 시켜먹었던 건 역시 '치킨치즈 라면'. 카투사 스낵바의 메뉴는 우리가 흔히 가는 분식집과 비슷합니다. 미군들을 상대해야 하니까 물론 고기반찬을 기본으로 많이 구성이 되어 있습니다. 라면은 한국이 최고다보니 미국 사람들도 많이 좋아하지요.

배달 음식을 시키면 배달온 사람들이 오토바이 시동을 켜놓고 음식을 내려놓고 오는 경우가 있는데, 미군부대에서는 절대 금지입니다. 도난이 자주 발생하거든요. 그래서 순찰 중에 시동 걸린 오토바이를 보면 열쇠를 빼서 숨어서 기다리고 있다가 딱지(ticket)을 끊거나 경고를 하지요.

스낵바

스낵바(Snack Bar)는 말 그대로 햄버거, 피자 같은 미국음식을 파는 곳입니다. 부대 식당인 디팩에서는 일정 시간에만 음식을 제공하기 때문에, 식당문을 닫았거나 다른 것을 먹고 싶을 때 스낵바를 이용하지요. 우리나라 코스트코 스넥 코너에서 파는 음식들과 맛이 비슷한데, 부대 안 스낵바가 훨씬 느끼하고 크기도 큽니다. 장점은 싸다는 겁니다. 미군부대의 물건에는 세금이 붙지 않으니까요. 만들어서 파는 음식만 있는 것이 아니고 각종 주스와 음료, 아이스크림도 있어서 먹고 싶은대로 먹으면 됩니다. 일하는 분들은 대부분 한국분들이지만 지불은 달러로 해야 합니다. 간혹 한국 돈을 받아 주시는 경우가 있지만 좀더 비싸게 받습니다. 대신 거스름 돈을 달러로 받게 되니까 카투사라면 달러 환전해서 쓰는 것이 당연히 유리하지요.

부대 내 매점

큰 부대에는 카미세리(Commissary)라고 부르는 가게가 있습니다. 물론 작은 부대에는 작은 가게가 있겠죠. 제가 있던 부대의 카미세리는 규모가 커서 대형 할인마트 식품매장 정도 되는 크기였습니다. 그런데 카투사는 이곳을 이용하지 못합니다. 몇십 년 전에는 몰래 암시장에 내다파는 일이 많아 금지했다는데 아직도 같은 규정을 유지하고 있습니다.

이곳에서는 정말 싼 값에 물건을 구입할 수 있습니다. 350ml 캔음료를 대량구매할 경우 하나에 300원 꼴이니까 정말 저렴하죠. 카투사들은 여기서 물건을 사려면 미군들에게 부탁해야 합니다.

구매를 못하기 때문에 카투사는 입장도 못합니다. 저도 순찰 근무할 때 몇 번 들어가 본 게 답니다. 둘러보고 필요한 거 눈여겨봐뒀다가 미군 동료들에게 부탁해서 사먹고 그랬지요. MP가 아니면 들어갈 수가 없으니 평소에 미군 동료들이 먹는 것 중에서 부탁해서 구매하면 됩니다.

PX

미군 PX(Post Exchange)는 유명합니다. 공군은 BX(Base Exchange)라고 합니다. PX 내에서는 보통 전자제품 같은 공산품들을 취급합니다. 가격이 엄청나게 싸죠. 무관세로 들어오고 중간업자가 없기 때문입니다. 카세트 테이프, CD, 라디오 기능이 모두 있는 미니 오디오가 20달러, 커피를 아침마다 내려마실 수 있는 커피메이커가 10달러 정도니까 돈 없는 군인들한테는 딱이죠. 그러나 역시 카투사들은 이용 못합니다.

이 역시 암시장에 내다 팔까봐 금지하고 있습니다. 친한 미군들한테 부탁해서 살 수밖에 없습니다. 미군들도 카투사들이 카미세리와 PX를 이용 못하는 규정에 대해 이상하게 생각합니다. 너희 나라 잘 사는데 이걸 왜 이용 못하냐고 의아해하더군요.

막사 생활 대공개 1
막사 안 공용공간

▌ 세탁실

한국군 막사는 언론을 통해 어느 정도 공개가 되고 있지만, 미군 막사는 잘 모르실 겁니다. 어차피 군인들이 살고 있는 곳인데 뭐 대단한 게 있겠습니까마는, 그래도 궁금해 하실 분들이 있으니 조금 소개할까 합니다.

군인에게 개인위생(personal hygiene)은 대단히 중요하다고 말씀드렸는데요, 전투에 언제라도 투입될 수 있도록 건강에 문제가 없어야 하므로 평소에 늘 철저하게 신경씁니다.

따라서 군복과 몸에서 냄새가 나면 안 됩니다. 근무하러 나갔는데 미군 하사관들이 내 몸과 군복에서 냄새를 맡으면 막사로 돌아가서 당장 빨래를 하게 하든지 사역을 시킵니다. 그리고 여러분을 좋지 않게 보기 시작하지요. 그러니 아무리 귀찮아도 빨래를 잘 해야 합니다.

전 논산훈련소에 11월 중순에 입대했습니다. 본격적인 훈련을 모두 12월에 받았는데 훈련소에서 빨래하다가 손가락이 떨어지는 줄 알았습니다. 물이 정말 차더군요. 세탁기는 있지만 안 돌아가고요. 고장 났다고 하고 안 고칩니다. 특히 훈련생들은 엄청나게 많은데 세탁기는 그 숫자가 대단히 적습니다. 자대배치를 받으면 세탁기를 사용할 수 있습니다.

카투사도 훈련소 생활이 끝나고 후반기 교육부터는 편안하게 빨래를 할 수 있습니다. 여기에서부터 한국군과 카투사의 차이가 좀 있는데, 미군부대에는 세탁기가 정말 많습니다. 소대, 중대 규모에 맞게끔 세탁기가 여러 대에서부터 수십 대까지도 있을 수 있습니다. 제가 있던 막사는 30명 이하의 소대 MP가 사용하는 2층짜리 구막사였지요. 1층 세탁실(Laundry Room)에 세탁기가 7대 있었습니다. 그 세탁기는 빨래하고 건조까지 되는 것이었는데, 건조기능이 좋아서 1시간이면 빨래부터 건조까지 모두 완료되었죠. 건조기능이 너무 강력하다 보니 잘못 넣었다가는 옷이 다 줄어버리는 단점이 있지만, 그래도 빨리 세탁하고 말려주니 편리했습니다.

화장실과 샤워

개인위생에서 샤워를 빼놓을 수는 없습니다. 매일 아침에 월요일부터 금요일까지 1시간 동안 땀 흘려가면서 PT를 하니까 바로 샤워를 해야 합니다. 또 여름에는 일과가 끝나면 샤워를 하지 않고는 도저히 견딜 수 없습니다. 사회에 있을 때는 매일 샤워하지 않았더라도 카투사로 입대한 순간 매일 하는 샤워는 필수입니다.

PT가 끝나고 나서 방문이 열려 있으면 하사관들이 자연스럽게 돌아다닙니다. 하사(SSG) 이상의 하사관만 다니는 것이 아니라 상병(CPL)이나 병장(SGT)들도 다니다가 방에서 씻지 않고 시간 때우는 사병을 보면 당장 샤워를 명합니다.

우리 부대는 MP였기 때문에 사병들이 잘 씻는 편이었습니다. MP는 모든 일에 모범이 되려고 애를 씁니다. MP가 미군의 표본인 셈이죠. 그러니 남들 안 하는 옷에 풀 먹여서 빳빳하게 다리기, 늘 향긋한 비누냄새 풍

기기 등을 하지 않을 수 없습니다. 그러나 일반 카투사로 전역한 사람들은 아마 이렇게 말할 겁니다.

"미군들 진짜 더러워. 냄새나. 이것들은 씻지를 않아."

화장실은 막사마다 좀 차이가 있지만, 층별로 공동 화장실을 쓰는 경우(구막사), 방 2개가 화장실 1개를 공유하는 경우(신막사), 방에 화장실이 달려 있는 경우(NCO나 분대장, SK방)로 나눌 수 있습니다. 물론 공동 화장실은 어디에나 있는데, 미국 화장실을 써 보신 분은 알겠지만 우리나라와 많이 다릅니다. 일단 아래가 휑합니다. 무릎 높이까지 뚫려 있거든요. 게다가 저같이 키가 큰 사람은 까치발 하면 화장실 안을 들여다 볼 수 있습니다. 그리고 화장실 문도 꽉 닫히질 않아서 자세히 보면 안에서 뭘 하는지 대충 보입니다.

처음에 이런 미국 화장실을 보면 부실공사를 했나 생각하겠지만, 실은 화장실에서 마약, 살인, 강간, 자살 같은 범죄가 워낙 많이 벌어지기 때문에 그것을 막기 위한 조치입니다. 미국에서 제가 가 봤던 화장실 중에는 문틈이 2cm 이상 벌어지는 곳도 있었습니다. 공항이었는데도 말이죠.

이 화장실 안에 샤워실이 같이 있습니다. 공동화장실이 막사 층마다 있으면 화장실 구석에 샤워부스가 같이 있고, 방 2개가 화장실을 공유하고 있으면 집에 있는 화장실과 비슷합니다.

화장실이나 샤워실을 공유하면 재미있는 일이 간혹 생깁니다. 미군은 남자만 있는 것이 아니라 여군도 있는데, 막사를 같이 사용하거든요. 부대의 특징별로 여군 숫자가 많은 경우도 있고 얼마 안 되는 경우도 있는데, 그래도 50%가 넘는 유닛은 없습니다. 카투사가 만나게 되는 여군은 보통 병력 전체의 10% 정도라고 볼 수 있습니다. 막사에서는 물론 여군끼리 방을 같이 씁니다. 그런데 여군이 없는 유닛도 의외로 많습니다. 그래서 만약 막사에 여군이 들어오면 모두가 환호하면서 소리질러서 여군이 들어왔다고 알려줍니다. 남자들밖에 없다보니 샤워 후에 벗고다니는 아이들이 있기 때문입니다. "Lady in the hall!(복도에 여자다!)"이라고 보통 소리질러 전파합니다. "Fire in the hole!(폭탄이다, 터진다, 발사!: 전투 시에 주로 쓰는 말입니다)"을 응용한 것입니다. MP 순찰할 때 신고를 받고 파트너 여군과 함께 출동한 막사에 들어갔는데, 그때 역시 난리들을 치더군요. 여기저기 우리가 지나갈 때마다 2m쯤 앞서 소리를 지릅니다. 그 여군은 당시 19살밖에 안 된 아이였는데 부끄러워하면서 은근히 좋아하더군요.

데이룸과 주방

데이룸(Day Room)에는 TV와 소파, 탁구대, 간이 운동기구 혹은 테이블 사커(foosball), 핀볼 게임기 등이 놓여 있습니다. 편안하게 일과를 끝내고 소대원들이 모여서 쉴 수 있는 공간을 마련해 놓은 것입니다. 이곳에서 소대나 분대별 회의를 할 수도 있고, 카투사들이 영어 정훈교육을 진행할 수도 있습니다. 중요한 스포츠 경기가 있거나 사회적으로 큰 이슈가 있으면 여기에 모여서 TV를 함께 시청하곤 합니다. 컴퓨터를 쓸 수 있는 방을 따로 만들어 놓은 유닛도 있지만 상당수 막사에서는 데이룸에 컴퓨터를 같이 놓습니다.

 유닛에 따라 다르지만 여기에 주방이 딸려 있는 곳도 있습니다. 제대로 된 주방은 아닙니다. 간단한 취사 도구가 있고 간혹 대형냉장고도 있습니다. 막사 안에서는 취사가 원칙적으로 불가능합니다. MP들이 방마다 휴대용 가스렌지를 가지고 있다가 점검에 걸려서 모두 압수당한 일도 있었습니다. 사실 휴대용 가스렌지를 갖고 있었던 것은 카투사들이었습니다. 우리가 부루스타라고 부르는 휴대용 가스렌지는 우리나라에 많지 미국에는 없습니다. 화재 예방 차원에서 방 안에는 취사금지입니다. 라면 같은 걸 끓여 먹어야 하는 카투사 입장에서는 아쉽기 짝이 없는 일이죠. 어쨌든 취사는 주방에서 하는 것이 맞지만, 주방을 열심히 활용하는 미군이나 카투사는 별로 없습니다.

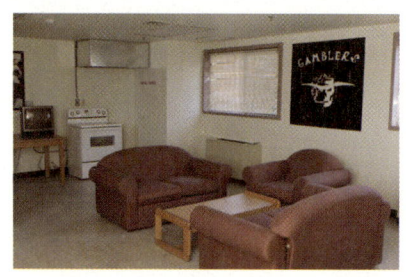 

▲ 데이룸과 주방의 모습입니다.

▍ 씨큐룸

씨큐룸(CQ Room)은 간단하게 말하면 당직(CQ)을 서는 NCO를 위한 공간입니다. 하지만 이것이 없는 곳도 많습니다. 밤을 새면서 전화도 받고 막사에 출입하는 인원을 통제해야 하므로, 책상도 있고 전화도 있고 서류작업을 위한 파일들도 있습니다. 또 한겨울에는 보온도 이루어져야 하므로 작은 공간을 따로 만들어 두는 것입니다. 작은 방에 창문 하나 내서 만들 수도 있지만, 큰 건물에 있는 안내 데스크처럼 막사 1층 중간에 떡하니 자리를 잡고 있는 경우도 많습니다. 낮시간에는 쓸모없는 공간이기 때문에 일부러 공간을 두는 것은 효율적이지 않은 것이지요.

NCO들이 당직을 서야 하지만, PVT, PFC나 SPC도(카투사 포함) CQ 자리에 앉아서 당직을 서는 경우도 많습니다. 밤새 혼자 근무를 해야 되니까 당연히 다음날은 오프를 받습니다. 우리 MP 막사에는 CQ 자리가 없었습니다. 우린 바로 옆에 조금만 가면 PMO(헌병대)가 있는데 막사에까지 CQ 자리를 둘 이유가 없고, 파견소대다 보니 인력도 부족해서 CQ 자리를 둘 수가 없었지요.

▲ 밖에서 바라본 막사의 모습입니다.

호텔 같은 신막사

미군 막사(barracks)는 낮으면 2층짜리 건물이고, 중대 규모가 크면 4층에서 10층까지도 있습니다. 막사로서의 필요를 충족해야 하므로 1층부터 방이 있는 경우가 많습니다. 요즘은 한국군에도 침대가 많이 보급되고 있지만, 이곳은 미군부대니까 당연히 모두 침대 생활을 합니다.

방에는 침대, 서랍장, 스탠드 등, 탁자, 소파, 벽장, 책상, 의자, 냉장고,

전자레인지, TV와 TV장, 협탁이 구비되어 있고, 바닥에는 카페트가 깔려 있습니다. 2명이 방 하나를 공동으로 사용합니다. 2000년부터는 미군부대 막사 현대화 작업이 어우러져 대부분 신막사로 이주했습니다. 구막사에 익숙한 사람들은 신막사를 힐튼(Hilton Hotel)이라고 부릅니다. 정말 좋거든요. 복도도 시멘트 바닥이 아니라 대리석 깔린 호텔 바닥처럼 되어 있죠.

▲ NCO나 SK가 사용하는 신막사 방 내부 모습입니다.

독방 쓰기 / 같이 쓰기

모든 사병에게 1인 1실을 배정하지는 않습니다. 이병(PV2)과 일병(PFC)일 때는 대부분 2인 1실로 쓰다가 NCO가 되면 그때 1인 1실로 배정해줍니다. 그러다가 SK가 되면 더 좋은 방으로 옮겨 독방을 쓰지요. 이병 때부터 독방을 쓰는 유닛도 있기는 합니다. 후반기 교육이나 WLC를 위해 캠프 잭슨에서 있을 때에는 2인 1실이나 3인 1실로 방을 배정받아서 생활합니다.

자대배치를 받으면 대개 새로 전입온 미군이나 카투사는 방을 함께 사용하게 합니다. 미군도 카투사와 어울리는 법을 배워야 하고 카투사도 마찬가지로 미군과 함께 섞여 있어야 무난하게 생활할 수 있기 때문입니다. 카투사들끼리 있는 것보다는 미군과 함께 지내는 것이 스트레스를 덜 받고, 또 영어 실력도 빨리 끌어올릴 수 있습니다. 생각이 있는 SK라면 새로 전입온 카투사 이병(PV2)이 미군과 한 방을 쓰도록 배려해줄 겁니다. 그런 방이 없으면 미군 NCO 하사관들과 얘기해서 만들어라도 줘야 제대로 된 SK지요.

이병(PV2)을 지나 일병(PFC)이나 상병(CPL)이 되면 방을 혼자 쓰고 싶어 합니다. 카투사 상병쯤 되면 미군하고 방 쓰기를 싫어하지요. 가능하면 후임 카투사와 함께 방을 쓰고 싶어하지만, 거꾸로 후임은 카투사 선임과 방을 쓰는 것보다는 미군과 쓰는 것을 더 좋아합니다. 심부름을 덜 하고 스트레스도 덜 받거든요. 그래서 이때도 역시 SK의 역할이 중요합니다. 방 배정을 적절히 해서 군생활에 적응하기 쉽게 해주는 것이 SK의 역할이니까요.

가구와 가전제품

앞에서도 얘기했듯이 방에는 여러 가구와 가전제품이 설비되어 있습니다. 어떻게 배치하고 어떻게 쓸지는 방을 쓰는 사람이 알아서 하면 됩니다. 2인 1실로 쓸 때도 침대를 2층으로 쓰던지 따로 쓰던지 자유입니다. 저는 자대배치 받고서 미군 이병과 한 방을 쓰게 되었는데, 저보다 딱 하루 먼저 온 녀석이 방배치를 자기 맘대로 싹 바꿔놨더군요. 자기가 쓸 구역은 넓고 편하게, 제가 쓸 구역은 좁게 해놓은 거죠.

"Private Lim, is this cool?"(임 이병, 이래도 되지?)

갓 전입 온 제가 뭘 알겠습니까? 알았다고 내버려 뒀는데, 곧 선임이 와서 보더니 지적하더군요.

미군과 방을 쓰면 미군에게 PX에서 필요한 물건들을 사달라고 부탁하면 좋습니다. 앞에서 말씀드렸듯 면세라서 아주 쌉니다.

참고로 미군들은 모두 휴대전화를 소지하고 있습니다. 카투사도 되냐고요? 당연히 안 됩니다. 한국군은 사병들은 휴대전화류를 사용할 수 없는 것이 원칙입니다. 몰래 숨겨서 이용하다가 카투사 헌병이나 한국군 지원대장에게 걸리면 영창에 갈 수도 있습니다. 2015년 이후 부쩍 보안을 강화해서 통신장비 사용을 엄격히 관리하고 있고, SNS에 부대사진을 올리는 행위도 영창 처분으로 연결될 수도 있다고 하니 주의하세요.

막사 생활 대공개 2
막사에서의 일상

▌점검

한국군이건 미군이건, 그리고 어떤 보직, 어떤 유닛이건 관계없이 점검을 한다고 하면 긴장하게 됩니다. 제일 깐깐하게 점검하는 곳은 훈련소입니다. 하얀 장갑을 끼고 구석구석을 문질러 대는데 먼지가 안 나오는 곳이 과연 있을까요? 이런 무시무시한 점검을 몇 번 받아보면 어느새 대비를 좀 할 수 있게 되는데, 그쯤 되면 훈련소를 퇴소하게 되지요.

한국군에서의 점검은 각 잡기로 시작해서 각 잡기로 끝난다고 하는데, 미군에도 이런 각 잡기가 있습니다. 베딩(bedding)이라고 해서 침대에 매트리스를 국방색 담요로 팽팽하게 싸매고 나서(이때 모서리 접히는 각도는 45도여야 합니다) 그 위에 흰 침대보로 역시 아주 타이트하게 덮어야 합니다. 또 그 위에 이불을 각 잡아서 덮고 베개도 각을 맞춰서 놓습니다. 이것이 방 점검(Room Inspection)에서 가장 기본입니다.

옷을 옷걸이에 걸어서 벽장에 넣는데, 이때 옷걸이와 옷걸이 사이의 거리도 3cm로 동일하게 유지해야 하고 옷을 거는 순서도 지켜야 합니다. 서랍장 안에 속옷과 양말도 규칙대로 말아서 수납되어 있는지 봅니다.

가장 어려운 단계는 먼지와 물기 제거입니다. 창틀, 침대틀, 서랍장과 협탁 주변, 창틀에 있는 먼지를 제거해야 되는데, 신병들에게는 쉽지 않은 일입니다. 화장실 물기 제거도 생각보다 어렵습니다. 세면대에 물기를 없애고 번쩍번쩍 윤이 나게 닦아야 합니다. 그런데 윤을 내려면 물을 써야 되고 물기는 또 없애야 되니 쉬운 일이 아니지요. 조교나 NCO가 절대로 한번에 통과시키지 않습니다. 불가능한 미션을 주고 훈련을 시키는 거죠. 군화와 운동화도 깨끗이 닦여 있어야 합니다. 윤나는 것까진 기대하지 않지만 먼지는 전혀 없어야 합니다.

버퍼

대형건물은 바닥이 대체로 대리석으로 되어 있는데, 이 바닥을 청소하는 원형으로 된 대걸레를 부착한 기계를 보신 적이 있을 겁니다. 원형 걸레가 돌아가고 바닥에 약을 뿌려서 닦는 거죠. 미군 막사도 대부분 대리석 바닥입니다. 따라서 관리를 꾸준히 해야 반들반들하고 깨끗한데요, 그 걸레질을 버프(buff)라고 합니다. 특이한 건, 미군부대에서는 그것을 모두 버퍼(buffer)라고 말합니다. 버퍼라는 말은 원래 없고, 제대로 말하면 버핑(buffing)이 맞는데 말이죠.

요즘은 없는 곳도 많다고 합니다만, 이 버퍼 기계 다루기가 생각보다 어렵습니다. 균형을 잘못 잡으면 기계가 좌우로 막 튀어다닙니다. 그래서 큰 규모로 청소를 하면 버핑 담당은 늘 NCO급에서 합니다. 능숙하게 약을 뿌려서 적절한 힘을 주어 닦지 않으면 얼룩이 지기 때문에 안 하느니만 못한 결과가 나옵니다. 따라서 상병 정도는 되어야 두 번 세 번 안 하고 쉽사리 끝납니다.

매사에 모범을 보여야 되는 MP는 바닥도 최상을 유지하고자 노력합니다. 그래서 여러 번 다시 닦은 적도 있지요. 그러나 모든 유닛에서 그런

수준으로 버핑하지는 않습니다. 타 막사와 유닛을 순찰할 때 다녀본 바로는 엉망진창으로 버핑해서 난장판을 만들어 놓고 그냥 버티는 곳도 많더군요. 아마 버핑도 MP 유닛이 가장 반짝반짝하게 잘 할 겁니다.

제대하고 나서 큰 건물에서 아저씨들이 청소하는 모습을 보면 부대 생각이 많이 나더군요. 이것도 추억이라고 한번 빌려서 해보겠다고 할까하는 생각도 들었답니다.

▌눈 치우기와 잔디깎기

전역한 사람들이 군대 얘기하면서 빼놓지 않는 소재가 바로 '눈 치우기'가 아닌가 싶습니다. 특히 최전방에서 복무한 사람들은 눈 치우기라면 치를 떨더군요. 특히 전방은 군사지역이라 눈 때문에 작전을 못하는 일이 있으면 안 되니까 끝없이 눈을 치웁니다. 눈이 계속 오는데 도대체 뭐하러 치우는 건가 싶지만 내버려두면 큰일이 납니다. 순식간에 높이 1m에 육박하기 때문에 그때그때 치우지 않으면 문제가 생기거든요. 그런데 작전지역이야 그렇다 쳐도 막사 주변이나 운동장 같은 장소까지 인력을 동원해서 계속 치우는 건 좀 불필요한 일이 아닌가 싶습니다.

미군부대는 기본적으로 '눈을 치우지 않습니다'. 말도 안 되는 소리라고요? 2년 동안 미군부대 있으면서 단 한 차례도 눈을 손으로 치워본 적이 없습니다. 물론 막사 앞은 불편하니까 지나다닐 만큼 빗자루로 길을 내지만, 한밤중에 불려나가서 밤새도록 눈 치우고 다음날 밥먹고 또 치우고 하는 그런 일은 없었습니다.

그럼 쌓이는 눈은 어떻게 하냐고요? 눈이 많이 온다 싶으면 바로 바로 제설차가 등장합니다. 부대 안에 제설차가 있거든요. 이 제설차가 온 부대 안을 돌아다니면서 주요 도로와 부대 인근을 싹 치웁니다. 저도 직접 보기 전까진 제설차가 그렇게 위대한 것인 줄 몰랐습니다. 미군부대 안에는 군사차량이 많은데, 이 차량들이 통행하기 위해서는 무조건 제설이 되어 있어야 되니까 제설차가 있는 겁니다. 우리나라도 제설차를 동원해서 눈을 치우는 곳이 있기는 하죠. 공군비행장은 그렇게 합니다. 한 대에 수십, 수백 억씩 하는 비행기를 지켜야 하니 당연하지요. 하지만 아직 육군은 그렇지 못한 것 같아서 많이 아쉽습니다.

어쨌든 카투사는 눈 치우느라 고생했다는 말은 못 합니다. 전역 카투사가 눈을 치우느라 힘들었다고 한다면 그 유닛은 SK가 정말 무능하던가 소대 LT(소위나 중위), 혹은 중대 CPT(대위)가 사역을 지나치게 시켰다고 볼 수 있습니다.

대신 한국군보다 월등하게 많이 하는 일이 하나 있는데, 그건 바로 잔디깎기입니다. 미군부대는 미국사회가 그렇듯, 아스팔트로 포장된 도로를 제외하고는 모든 곳이 잔디로 덮혀 있습니다. 운동장 역시 잔디로 덮혀 있지요. 따라서 이런 곳의 잔디 관리는 모든 유닛 사병의 주요 일과의 하나입니다. 여름에 특히 잔디가 무성하게 자라는데, 미국에서는 주택이 서로 붙어 있기 때문에 잔디를 관리하지 않아서 발목을 덮을 정도가 되면 옆집에서 신고를 하기도 합니다. 별 오지랖도 다 있다 싶지만, 그게 그네들 문화니까요. 같은 이유로 미군부대 안에서도 열심히 잔디를 깎아야 합니다. 잔디를 깎을 때에는 두 가지 잔디 깎는 기계를 사용합니다. 평지를 깎을 때는 작은 장난감 자동차처럼 생긴 기계(lawn mower)를 밀고 다니면 되고, 구석이나 나무 근처를 깎을 때는 우리가 성묘 가서 벌초할 때 쓰는 기계(grass cutter)를 사용합니다.

우리나라는 성묘철이 되면 이 제초기 관련 사고가 꽤 많습니다. 미국 사회는 안전 문제에 지나칠 만큼 신경을 많이 씁니다. 사고가 생겼는데 내가 해야 할 안전조치를 취하지 않았다는 것이 드러나면 보험혜택을 받거나 소송에서 이기는 데에 절대적으로 불리합니다. 그러니 서양사회에서는 아이들이 자전거나 보드를 타도 무조건 헬멧과 무릎 보호대, 팔꿈치 보호대, 장갑 등을 착용시켜 내보내죠.

이런 사고방식은 잔디를 깎을 때도 적용됩니다. 무조건 2인 1조로 작업을 진행합니다. 여름에 작업하면 너무 더우니까 교대로 하라는 뜻도 있지만, 사고 시에 파트너가 있어야 빠른 조치가 가능하기 때문입니다. 작업할 때는 아무리 더워도 소매를 내려야 되고, 눈에는 안전 고글을 써야 됩니다. 원칙상 방탄모(헬멧)까지 써야 합니다. 30도 넘는 날씨에 소매를 다 내리고 고글에 방탄모까지 쓰고 작업하면 10분만에 땀이 줄줄 납니다. 덥다고 팔을 걷으면 당장 주위의 모든 NCO와 장교들이 달려들어서 팔을 내려줄 겁니다. 고작 잔디깎는데 뭐 그리 요란이냐고 할지 모르지만 그러니까 사고가 적은 겁니다. 잔디를 깎다보면 흙밑에 숨어 있는 돌멩이를 깎거나 나뭇가지가 걸릴 때가 많습니다. 칼날이 무척 강하고 날카로워서 돌이나 나무들이 튀어 다니죠. 정말 조심해야 합니다.

어쨌거나 2년 동안 잔디를 깎으면 제대할 때는 잔디깎기의 달인이 되어서 성묘나 자기 집 마당 관리는 확실하게 할 수 있을 겁니다.

| 갔다왔어요 | 최고의 다림질 마스터는 누구?

미군은 다림질 안 한다

군복을 열심히 다리고 군화에 번쩍번쩍 광을 내고, 군인이라면 마땅한 일처럼 느껴지는데요, 미군도 이렇게 열심히 다림질하고 군화에 광을 낼까요?

한국군은 다림질에 정말 신경을 많이 씁니다. 특히 등판에 주름을 4줄을 잡느냐 6줄 잡느냐가 엄청나게 중요하고, 8줄, 12줄까지도 잡는 친구들도 있답니다. 사실 민간인들이 보기엔 4줄을 잡던 12줄을 잡던 그저 군인일 뿐인데, 군대에서는 이걸로 은근히 부대별 자존심 대결을 하지요.

미군의 다림질 규정은 말 그대로 '보기 싫지 않을 정도'면 됩니다. 줄을 세워서 군복입고 다니는 미군은 정말 드뭅니다. 특수부대 등은 줄을 좀 세우는 편이지만 줄을 세워도 가슴판의 옷깃이나 소매에 한 줄 세우는 것 정도가 전부입니다.

그럼 군화는 어떨까요? 한국군에서는 물광, 불광 하면서 번쩍번쩍하게 광을 만듭니다. 처음 자대배치 받은 신병에게는 고참들이 군화를 닦아주고 옷을 다려주면서 열심히 방법을 가르치지요. 하지만 미군은 안 닦습니다. 2015년에 OCP로 바뀌면서 군화는 사막색(sand color)과 황갈색(tan color)으로 나오기 때문에 까만 구두약을 바르지 않아도 되거든요. 먼지 없는 상태만 유지하면 됩니다.

그러니 카투사들도 한국군에 비해서 복장 관리가 편합니다. 군복 다려도 세탁 후에 심하게 구겨진 것만 적당히 펴고, 군화에도 구두약만 틈틈이 발라주면 그만입니다.

MP는 예외다

그런데 예외인 보직이 하나 있습니다. 바로 MP입니다. 한국군에서도 헌병은 군기도 세고 복장규정도 엄격합니다. 미군 MP는 그 정도는 아니지만 근무할 때마다 까다롭게 복장을 점검하지요.

먼저, 다림질은 철저해야 합니다. 상의 소매와 바지에 칼주름이 있는 것은 기본입니다. 저는 하도 칼주름 넣어 다려댔더니 상병 때 군복 바지가 주름 따라 쭈욱 찢어지고 말았습니다. 종이가 찢어지는 것처럼 바지가 찢어지더군요.

상의 옷깃 부분은 힘을 줘서 내리눌러 다립니다. 옷깃이 일어나 있는 것이 아니라 거의 몸에 붙어 있는 것처럼 눌러 다려야 합니다. 모자도 적절히 구부러진 형태로 폼나게 써야 되지요. 2002년부터 2011년까지는 군모에 베레모가 있었지만 2011년 중반부터는 근무 시에 불편하다는 불만이 많아 패트롤 캡(patrol cab)만 캠프 내에서 착용하는 것으로 바뀌었습니다. KTA 졸업식에서 처음 베레모를 수여했었는데, 평상시에는 베레모를 착용하고 훈련할 때에는 일반 모자를 썼죠. 지금은 모두 패트롤 캡으로 바뀌었습니다. 베레모가 폼은 나지만 패트롤 캡이 더 편하다는 의견이 많습니다.

그리고 순찰 나갈 때 허리에 차는 버클에 광을 냅니다. 이건 금속이라서 광 내는 약이 따로 있습니다. 그래서 출동 전에 늘 모여서 광을 내고 나가지요.

이렇게 열심히 광을 내고 나면 PMO(헌병대)에 집합해서 당직 하사관(NCO) 앞에서 검사를 받습니다. 미흡하면 다시 막사에 갔다 오게 하죠. 지적받지 않으려고 대부분 준비를 잘 합니다. 간혹 어리바리한 미군과 카투사들이 모자를 두고 온다던가 하는 실수도 하기도 합니다.

군화의 경우 예전에는 물광이니 불광이니 하며 군화에 광을 내며 경쟁을 했지만, 요즘은 군화가 바뀌면서 하지 않습니다. 따라서 군화를 닦는 수고는 훈련소로 끝입니다. 카투사로 미군부대에 배치받으면 지저분한 상태만 아니면 됩니다. MP 역시 군화가 바뀌면서 조금 상황이 달라졌다고 합니다.

▲ ACU

▲ OCP

▲ MP

▲ MP

|알아두기| **카투사는 면회가 없다**

카투사는 면회가 없다

카투사에게는 면회가 없습니다. 논산훈련소를 퇴소하고 3주 간 후반기 교육할 동안만 참으면 그 다음부터는 바로 얼굴을 볼 수가 있고, 일주일이 멀다하고 얼굴을 볼텐데 굳이 면회할 필요가 없거든요.

아들이나 남자친구가 카투사라면, 미군부대에 면회를 가는 개념이 아니라 미군부대가 어떻게 생겼나, 우리 아들, 우리 남자친구가 어떤 막사와 방에서 살고 있나 '구경'간다고 하는 것이 더 맞습니다.

한국군은 부대 앞 초소 위병소에 가서 누구누구를 만나러 왔다고 하면 초소에서 불러줍니다. 하지만 카투사는 미군부대에 가서 그렇게 해보셔야 소용없습니다. 게이트에 있는 MP(부대에 따라서 UP)에게 누구를 불러달라고 해봐야 안 불러줍니다. 왜냐고요? 누군지 모르니까요. 아들이나 남자친구를 만나러 가시려면 미리 통화하셔서 만나러 갈 날을 약속하고, 부대 앞에서 아들(남친)에게 전화하시면 알아서 게이트로 나옵니다. 물론 근무시간이 끝난 이후나 오프 때 가야 합니다. 그러면 여러분은 아들(남친)과 동행해서 부대 안으로 들어갑니다. 막사 전화번호는 미리 받아놓아야 합니다. 막사로 전화하면 미군이 받을 수도 있고 카투사가 받을 수도 있지만 모두 영어로 전화를 받을 겁니다. "누구누구 바꿔주세요"라고 영어로 하시면 바로 연결해줍니다. 영어가 힘드시면 한국말로 해도 누군가 옆에서 받아줄 겁니다.

연락하고 찾아갔는데도 못 만날 가능성도 있습니다. 좀 특수한 경우인데, 갑자기 그날 비상이 걸렸던가, 미국 내에서 테러가 발생하면 만나는 건 불가능합니다. 9/11 당시, 2001년이었지요? 몇 달간 미군부대 전체가 비상이어서 일체의 미군과 카투사의 외출, 외박, 휴가가 모두 정지되고 게이트에 사격수(gunner)가 배치되는 등 꽤 긴장 속에 며칠을 지냈다고 합니다. 2015년 메르스로 온 나라가 긴장 가운데 있었을 때는 주한미군 전체가 외출, 외박, 에스코트를 몇 주 이상 금지하는(lock-down) 조치를 취했습니다. 그런 상황이라면 꽤 오랫동안 얼굴보기 힘드실 겁니다. 유닛별로 문제가 생겨서 따로 락다운이 걸려도 상황은 이와 비슷하죠.

여기서 주의할 점 한 가지! 부대로 데리고 들어갈 수 있는 인원에는 제한이 있습니다. 부대의 위치와 상황에 따라 달라지지만, 보통 차량 1대(차량등록증이 있어야 하고, 게이트 담당하시는 시큐리티분들에게 승인받으면 됩니다)와 4명을 데리고 들어갈 수 있습니다. 그 이상을 데려가야 한다면 카투사나 미군 동료의 도움을 받아야 합니다. 인원 제한 없이 미군부대에 들어갈 수 있는 때는 KTA 퇴소식과 카투사 위크뿐입니다.

하나 더 말씀드리면 부모님 입장에서는 먹을 것을 많이 싸가고 싶으시겠지만 그러실 필요 없습니다. 집에서보다 잘 먹으면 잘 먹었지 배를 곯는다던가 식사를 못 한다던가 양이 부족하다던가 하는 일은 없습니다. 초코파이 사 가지 마세요. 부대 안에 있는 먹거리들이 훨씬 더 달답니다. 치킨이나 피자 사 가지 마세요. 치킨과 피자, 그리고 햄버거와 핫도그(corn dog)까지 매일 나옵니다. 그냥 가서 아들이나 남자친구가 사 주는 미군부대 피자 한 조각 먹고 나오시는 것이 훨씬 좋을 겁니다. 마침 생일이라면 미역국은 싸갖고 오셔도 좋겠네요.

　카투사 선임들 먹으라고 음식을 가져오시는 경우가 있습니다만, 원칙적으로는 금지되어 있습니다. 첫 휴가 갔다가 들어올 때 신병은 뭔가를 사 가야 하는 거 아닌가 하는 꽤 부담스러운 마음이 있거든요. 그래서 한국군 지원단에서는 원칙적으로 신병 첫 휴가 뒤 자대복귀할 때 음식 같은 것을 싸가지고 들어오지 못하게 합니다. MP가 게이트에서 근무하고 있는 경우라면 그 MP들이 유닛과 이름을 물어보고 적어놨다가 보고할 수도 있습니다.

　그러니까 절대로 미안해하거나 부담스러워하지 말고 미군부대 구경간다고 생각하고 둘러보고 가세요.

| 알아두기 | **미군부대 밖에는 뭐가 있을까?**

부대를 벗어나려면 통행증이 필요하다?

한국군의 경우 외출이나 외박을 하려면 외출증이나 외박증이 있어야 하지만 카투사는 필요 없습니다. 그럼에도 불구하고 패스(pass: 통행증, Liberty Pass라고도 부릅니다)가 필요한 경우가 있습니다. 부대가 전방에 있으면 부대 바로 앞에 있는 가게 정도 외출은 가능할 수 있지만 멀리 외출하거나 외박할 때는 통행증이 있어야 합니다.

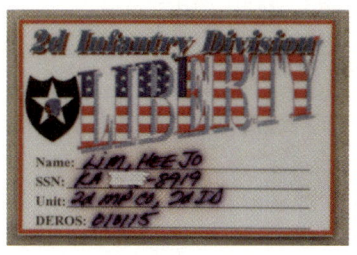

▲ 당시 잠시 발급되었던 통행증입니다. 하지만 곧 디자인이 바뀌어서 무용지물이 되었습니다.

외박은 그 부대에 통금(curfew)이 있을 경우에 해당됩니다. 통금 때까지 들어가지 않고 돌아다니면 MP들이 검문할 때 통행증을 요구하는데, 그때 통행증이 없으면 부대 안으로 데리고 갈 수밖에 없습니다. 데리고 가서 유닛 NCO를 호출해서 데리고 가게 하지요. 카투사가 통금 넘어서까지 부대 밖을 돌아다닐 가능성은 거의 없습니다. 통금이 보통 12시나 1시인데 그 시간이면 이미 집에 갔거나 안에 들어와서 자고 있을 테니까요. 그리고 미군과 어울려서 부대 밖에 있는 클럽에 들어가서 놀 수도 없고요. 클럽은 내국인 출입불가거든요.

하지만 통행증은 원칙적으로 전방부대에만 있는 것이고, 전방부대에서조차도 생겼다 없어졌다 합니다. 보안상의 문제로 그 디자인도 계속 바뀝니다. 다른 디자인의 통행증이 발견되면 바로 MP가 출동합니다.

미군부대 밖에는 뭐가 있을까?

용산 미군부대 군인들은 이태원 번화가에서 주로 놀지요. 하지만 그 외의 미군부대는 부대 바로 밖에만 미군전용 시설들이 있습니다. 그것도 큰 부대 근처에만 놀 만한 시설(대부분 클럽, 술집이나 식당)을 갖추고 있지요. 이렇게 술집과 식당, 클럽이 밀집해 있는 곳을 MP들은 빌(Ville)이라고 불렀습니다. 제가 있던 부대는 지금은 규모가 줄었지만 당시에는 상당히 큰 부대였습니다. 따라서 부대 밖에 수십 개의 가게가 치열하게 장사를 하고 있었는데, 의정부에서 저희가 관할하고 있던 5~6개의 부대 중에 부대 밖에 빌이 있는 부대는 저희밖에 없었습니다.

빌에 있는 가게 중에서 클럽은 내국인(카투사 포함) 출입금지입니다. 카투사는 부대찌개 집이나 간단한 먹거리를 파는 햄버거 가게 정도만 출입 가능합니다. 하지만 MP는 순찰할 때 들어가게 되니 별의별 광경을 다 보게 됩니다. 가게마다 경쟁을 해야 하니까 클럽에 근무하는 아가씨들은 옷을 좀 헐벗고 있습니다. 갓 전입온 신병 MP들은 아주 난리가 나죠. 하지만 계속 보면 익숙해집니다. 클럽에 근무하는 아가씨들은 한국 사람도 있지만, 필리핀이나 러시아에서 온 사람도 많습니다. 원칙적으로 클럽에서 일하는 아가씨들은 옷을 벗으면 안 됩니다. MP들이 제지하지요. 음란행위를 하는 경우도 있는데, 그러다가 MP에게 걸리면 미군은 바로 연행입니다. 수갑도 앞이 아니라 뒤로 채워서 말이죠.

사람들이 넘쳐나는 클럽을 순찰할 때는 늘 신경이 곤두섭니다. MP들은 실탄을 장전한 권총을 차고 다니는데, 그 와중에 넘쳐나는 군인들이 무슨 짓을 할지 알 길이 없으니까요. 철부지 미군들은 간혹 권총에 정말 실탄 들어있냐고 물어보고, 그렇다고 대답하면 보여 달라고도 합니다. 그때 권총 뽑아서 실탄 보여주면 큰일납니다.

클럽에 들어가면 각각 특징이 있습니다. 우리는 익숙치 않은 컨트리 음악만 틀어주는 곳, 갱스터 랩만 틀어주는 곳, 흑인들만 즐비한 곳, 반대로 백인들로 넘쳐나는 곳, 술은 별로 안 마시고 끝없이 당구만 치는 곳, 하사관 아저씨들이 주로 모이는 곳 등 다양합니다. 그리고 클럽마다 냄새가 굉장히 독특했던 것이 아직도 기억나네요. 클럽에 모이는 사람들의 체취와 그 사람들이 피우는 독특한 담배향과 술 냄새가 섞인 것이었죠. 초콜렛 냄새나는 담배만 피우는 곳도 있었고, 썩는 냄새가 나는 곳도 있었습니다. 아직도 클럽들 이름이 몇 개 기억나네요. ROXY, Mustang. 아, 그리운 이름들입니다.

드디어 제대다

★ 클리어링 기간을 알차게 써라
　제대 준비 똑똑하게 하기

★ 취업 잘하려면 이렇게 하라
　영어 실력 올리기 위한 군생활 비법

★ 제대하면 이것부터 하자
　제대 전후에 꼭 알아둘 5가지 수칙

# 클리어링 기간을 알차게 써라
제대 준비 똑똑하게 하기

▎물품 반납 먼저

미군이건 카투사건 제대(ETS: Expiration Terms of Service)를 눈앞에 두고 있다면 군생활에서 벗어나 사회에 복귀하기 위해 준비를 해야 합니다. 이 시간을 클리어링(clearing)이라고 부릅니다. 9개월에서 1년씩 순환배치를 받는 미군들이 하는 PCS(Permanent Change of Station)와는 다릅니다. 이때 생각보다 해둘 일이 많습니다. 자기가 속해 있는 유닛에서 허가를 내주면 이 클리어링 기간(일주일 가량)이 시작됩니다.

카투사나 미군이나 동일하게 사단배치를 받으면 처음에 물품을 지급받는다고 말씀드렸지요. 카투사는 처음에 KTA에서 기본 물품을 지급받고, 자대에 배치받으면 자대가 위치한 지역에 따라 다시 IOTV(Improved Outer Tactical Vest: 방탄조끼)같은 필요 물품을 CIF(Central Issue Facility)에서 TA-50라는 이름으로 지급받습니다. 항목이 50가지라고 해서 이렇게 이름붙은 것인데, 카투사 전투병이라면 항목이 많아지고, 행정병이라면 물품 수량은 적습니다.

KTA에서 받은 물건은 반납할 것이 거의 없지만, 자대에서 지급받은 물건들은 상당수 반납해야 합니다. 행군이나 훈련 시에 매고 다니는 배낭이나 PT매트 같은 것들부터 시작해서 야전삽, 방독면, 방탄모 등 군대에서만 쓰는 물품은 반납합니다. TA-50라는 이름으로 받는 물품은 피부에 직접 닿는 고글, 내의, 군복, 군화, PT 유니폼, 썬글래스 등을 제외하고는 모두 반납해야 합니다. 군복도 사회에서는 필요 없지만 반납해봐야 군에서도 다시 쓸 수 없으니 제대할 때 가지고 나가도 됩니다. 어차피 예비군 훈련도 해야 하니까요. 참, 예비군 훈련 때 어떤 군복을 입고 가건 그건 여러분 마음입니다. 카투사 군복 입고 가면 창피하다는 분도 있던데, 뭐 어떻습니까. 2년 간 입던 옷이니 훨씬 편하지 않을까요? 저도 카투사 군복 입고 예비군 훈련을 했답니다.

어쨌건, 클리어링 기간이 시작되면 가장 힘든 건 물품반납입니다. 그냥 사용하던 물건들을 대강 들고 가서 "반납하러 왔습니다. 받으시고요, 가도 되죠?" 이렇게 끝날 리가 없습니다. 내가 받아갔던 것과 반납해야 하는 물품들을 양식을 만들어 일일이 대조해야 합니다. 50가지를 반납해야 되는데 49가지는 있지만 1가지가 빠졌다면 어떻게 될까요? 다음에 1가지만 다시 가져다주면 되냐고요? 그럴 리가요. 빼먹은 것 하나 때문에 나머지 49가지를 전부 다시 싸매고 자대로 복귀해야 합니다. 다른 날 예약해서 50가지를 싸들고 또 반납하러 가든가, 그 자리에서 현금으로 변상해야 합니다. 워낙 반납 물품이 많으니 트럭이나 험비로 운반해야 할 때가 많아서 최소 2명 정도는 일정이 맞아야 합니다. 그리고 카투사는 트럭이나 험비를 운전하지 못하게 되어 있으므로 운전해줄 미군 병사와도 시간을 맞춰야 되지요. 게다가 미군이 제 운전수가 되어주려면 유닛 NCO의 허가가 있어야 합니다. 또 반납 거절돼서 다시 싸매고 가고, 일정이 안 맞아서 다시 예약하고 하다보면 시간은 금방 지나갑니다. 저도 이 모든 게 딱 맞아 떨어지지 않아서 두어 번 다시 갔었답니다.

이렇게 반납하면서 아쉬웠던 물품은 고어텍스였습니다. 앞에서도 말씀 드렸듯이 스키장에서 입으면 딱이라고 할 정도로 따뜻하고 품질이 좋아서 일부러 구입하려면 15만원 이상 줘야 되거든요. 반면에 반납하라고 할 줄 알았는데 의외로 그냥 가져가라고 해서 받아온 것은 방한화(Coldweather boots)였습니다. 영하 20도에도 발이 시리지 않은 신발이지요. 복무 내내 한 번밖에 신지 않아서 거의 새 것이었는데 그냥 가져가라고 하더군요. 아직도 가지고 있는데 제대하자마자 팔아버리지 못한 것이 아쉽습니다.

제대 하자마자 영어공부에 돌입하라

이렇게 물품 반납을 끝내면 한국군은 사회로 복귀하기 위한 준비를 하지만 카투사는 사실 딱히 할 일이 없습니다. 사회로 돌아갈 준비는 늘 되어 있는 것이고, 그때부턴 복학 준비를 하던가, 토익 시험 준비를 하던가, 시간되면 학원에 다니던가(마지막 휴가를 몰아서 붙여주면 충분히 가능하니까요) 하면 됩니다. 저도 제대 직전에 2주 정도 휴가를 붙여서 다 쓰고 전역날만 다시 부대에 들어가서 한국군 지원대장에게 보고하고 나왔습니다. 대부분의 카투사들이 그렇게 합니다. 미군들도 클리어링 기간에 물품 반납을 끝내고 나면 별다른 할 일이 없기에 적당히 쉬다가 근무처(post)를 옮깁니다. 물론 SK였던 카투사들은 클리어링 직전에 후임 카투사에게 SK 업무를 인수인계합니다.

이 시간에 공부도 좀 하고, 카투사를 우대해주는 회사는 어디인지 알아보기도 하고, 제대와 동시에 다닐 토익 학원도 알아봐서 바로 등록하는 것이 좋습니다.

취업 잘하려면 이렇게 하라
영어 실력 올리기 위한 군생활 비법

▌ 입대 전 영어 실력이 좋아야 한다

대한민국 청년의 의무인 병역을 잘 수행하는 것도 물론 중요한 일이지만, 그 이후에 취직을 얼마나 잘하느냐 못하느냐가 사실 개인에겐 더 중요합니다. 우리나라 회사들은 직무에 관계없이 영어 점수와 영어 실력을 중요하게 보는 곳이 많지요. 그런데 학점이나 토익 점수만으로는 업무에 필요한 영어 실력을 확신할 수 없기 때문에 요즘은 스피킹 능력도 중요하게 보고 있습니다. 바로 그 점에서 카투사 출신 입사희망자들은 상대적으로 유리한 입지에 있다고 볼 수 있습니다.

그런데 무조건 카투사가 된다고 영어가 해결되는 것은 아닙니다. 카투사 복무하며 영어 실력을 향상시키려면 몇 가지 노력이 필요합니다. 일단, 입대 전 영어 실력이 중요합니다. 기본이 잘 갖춰져 있으면 향상될 여지도 많기 때문이지요. 이민 1.5세나 2세들은 오히려 한국말이 서툴러서 고생을 합니다. 제가 갓 입대했을 때 중대고참이 1.5세여서 영어를 잘했습니다. 근데 한국말은 꽤 서툴렀던 모양입니다. 고참에게 이렇게 말합니다.

"저와 같이 점심을 먹으러 가기 원합니까?"

Do you want to have lunch with me?라는 영어를 그대로 한국말로 옮긴 것이지요. 이걸 듣고 카투사들끼리 한참 웃었습니다.

미군과의 관계가 좋아야 한다

또 앞에서도 언급했듯이 미군과의 관계 형성도 중요합니다. 영어 실력이 향상되는 것은 물론이고 외국인과 관계를 풀어나가는 훈련도 되거든요. 따라서 나중에 취직해서 회사에 상주하는 외국인이나 바이어와 만나서 역량을 발휘하는 데에도 도움이 되지요. 이러한 능력은 더 나아가 승진의 발판이 될 수 있습니다. 때때로 외국 회사에서는 정확한 영어를 구사해서 말이 잘 통하는 한국 직원을 콕 집어서 지정하고 만나겠다는 경우도 있습니다.

"난 Mr. Lim과 얘기하고 싶다. 그를 불러 달라."

따라서 미국인과 부대끼며 관계를 쌓았던 카투사 2년의 경험이 좋은 영향을 미칠 가능성이 크지요.

자대에서 영어공부를 열심히 해야 한다

자대에서 얼마나 영어공부에 충실했는가도 무시할 수 없습니다. 일단은 여러분의 영어 실력을 객관적으로 보여줄 수 있는 점수가 필요하므로 실전 영어뿐만 아니라 시험점수를 다듬을 공부시간도 필요합니다. 이렇게 실전 영어와 수험 영어를 골고루 염두에 두고 대비하면 제대 후에 좋은 점수를 받게 되고, 그것은 결국 취직에도 좋은 영향을 미칠 것입니다.

여러분들이 생각하는 것 이상으로 채용 시 카투사를 우대하는 편입니다. 카투사로 제대했다고 하면 영어 실력 하나만큼은 어학연수 다녀온 사람보다 낫다고 판단합니다. 토익 점수 950점보다는 카투사 전역자를 선호하지요. 장교 출신을 채용 시 우대하는 것과 비슷한데, 직무와 부서에 따라 장교 출신보다 우대하는 경우도 많습니다. 영어로 말하는 데 두려움이 없고 의사소통이 원활하리라는 기대감이 있기 때문입니다. 솔직히 카투사 출신이 모두 말을 잘하는 것은 아니지만, 그래도 확실한 것은 외국인을 대할 때 부끄러워하거나 알아듣지 못하는 경우가 적은 것은 사실입니다.

전역 직전, 이것만은 잊지 마라

앞에서도 언급했듯이 전역을 앞두고 남은 시간을 알뜰하게 쓰느냐 그렇지 않느냐가 큰 차이를 낳습니다. 전역에 즈음하여 말년휴가 때부터, 아니면 제대하자마자 좋은 토익 학원에 문제풀이반(실전반) 수업을 1~2개월 들으세요. 그리고 제대하자마자 바로 다음 달에 토익 시험을 보세요. 그러면 LC는 460점, RC는 학원을 다녔다는 전제만 있다면 430점부터 나올 겁니다. 즉, 제대하자마자 토익 점수가 최하 890점은 될 것이라는 거죠. 그런데 이 영어라는 녀석이 좀 묘해서요, 특히 LC는 1개월에 10점씩 점수가 계속 하락합니다. 귀가 점점 막히는 거지요. 자세한 얘기는 다음 장에 알려드릴게요.

그리고 최소한 대학 2학년, 가능하면 3학년 마치고 입대하는 것이 좋습니다. 제대하고 얼마 지나지 않아서 취직할 수 있도록 시점을 맞춰놓고 입대하면 제대 후 카투사로의 이점을 최대한 이용하면서 성공적인 취업을 할 수 있습니다. 일반 한국군처럼 1학년 마치자마자 갔다 오면 제대 후 취직할 때 실질적인 도움을 얻기 어렵습니다. 괜히 전역 후에 토익 학원 다녀야 하는 기간만 길어질 뿐입니다.

결론적으로 볼까요. 카투사 제대하면 취직이 쉽냐고요? 약간 어폐가 있을 수 있지만, 네, 그렇습니다. 취직이 쉽습니다. 지원만 하면 떡하니 붙는 것은 아니지만 남들 어학연수 2년 다녀온 것보다 훨씬 회사에서 좋게 봅니다. 일부 대기업 입사지원서에는 '카투사 전역'을 표기할 수 있는 칸을 따로 만들어 놨을 정도니까요. 동급의 지원자들보다 유리한 고지를 점하게 됩니다. 우리나라는 여전히 출신학교에 대한 상대평가가 있습니다. 소위 일류, 이류, 삼류 대학이라는 것이 있지요. 이 한계를 뛰어넘게 해주는 것 중 하나가 카투사 전역입니다. 군생활과 함께 영어공부도 열심히 해서 카투사로서의 이점을 십분 활용하시길 바랍니다.

제대하면 이것부터 하자
제대 전후에 꼭 알아둘 5가지 수칙

▌ 카투사에게 기대하는 영어 실력은 따로 있다

카투사에 지원하고 합격해서 2년 간의 복무를 무사히 마치게 되었습니다. 입대할 때보다 영어 실력도 많이 는 것 같고, 병역의 의무도 마쳤으니 홀가분한 기분도 듭니다. 군대에 간 친구들이나 전역한 사람들을 보면 머리가 많이 굳었다는데, 난 그래도 2년 간 영어를 쓰다 나왔으니 그 정도는 아닐 것이라고 위안합니다. 대충 봐도 900점은 되지 않을까 하는 생각으로 토익 시험을 봅니다. 그런데 이런, 생각보다 점수가 나오지 않습니다. 의외의 결과에 좌절하고 충격에 빠집니다. 이것이 바로 상당수 카투사 예비역들이 겪는 제대 직후의 현상입니다.

일반 한국군으로 제대한 사람들이나 카투사 제대한 사람들이나 일단은 제대하면 해방감을 느끼는 동시에 미래에 대해 막연한 두려움을 갖게 됩니다. 그런데 이 시기를 얼마나 잘 보내느냐는 앞으로 취업 시장에서 목적을 달성하고, 또한 이후 커리어에서 얼마나 성공적인 시간을 보낼 것인가를 좌우합니다. 한국군 제대한 사람들은 제대 직후 단기 어학연수 등을 계획하는 경우도 많지만 카투사 예비역들은 그럴 필요가 없습니다. 앞에서도 말씀드렸듯, 어학연수 2년보다 카투사 복무경험을 회사에서는 더 인정해주니까요. 따라서 기본적인 영어 실력 외에도 카투사 출신 지원자에 대한 회사의 기대치는 꽤 높습니다.

학점이나 토익 점수는 그것으로 그 사람의 실력을 말해준다기보다는 하나의 커트라인처럼 되고 있는 것이 현재 취업시장의 모습입니다. 따라서 카투사에게 요구하는 토익 점수도 비슷한 맥락으로 이해할 수 있는데요, 카투사를 제대했음에도 불구하고 토익 점수가 880점이라면 회사에서는 일단 고개를 갸우뚱하게 됩니다. 그러면서 반신반의하며 면접을 진행하지요. 하지만 카투사 전역이라는 타이틀과 동시에 토익 950점을 제시하면 "역시, 카투사 제대한 친구답군"이라고 생각하면서 한결 신뢰감을 줄 수 있습니다. 상대방이 나에게 호감을 갖고 있는 분위기에서 면접을 보면 유리한 것은 당연하지요. 물론 800점대 후반도 훌륭한 점수입니다. 하지만 카투사에 대한 일반적인 기대치를 충족시킬 필요가 있다는 점은 확실합니다.

카투사 전역자라도 취업이 100% 성공적인 것은 아닙니다. 카투사 전역한 예비역들의 평균 토익 점수는 850~870점에 불과합니다. 입대 지원자격이었던 토익 780점과 큰 차이가 없다는 겁니다. 군생활을 얼마나 잘 했느냐, 얼마나 영어를 많이 사용하는 보직을 받았느냐, 제대에 임박해서(최소한 병장기간에) 영어공부와 제대 준비를 어떻게 했느냐가 큰 차이를 낳습니다.

은근히 자랑 아닌 자랑을 하게 됩니다만, 저희 MP 중에서도 파견소대에 있던 선임과 후임들만 토익 점수가 상당히 좋았습니다. 중대에만 있는 카투사들은 파견소대만큼 큰 점수 상승을 보지는 못했습니다. 파견소대원들의 제대 후 토익 최저 점수는 940점입니다. 940점이면 상위 0.5% 안에 드는 성적이니까 상위 4%에 해당하는 870점과 엄청난 차이지요.

다시 한번 강조하지만, 부대 내에서 얼마나 영어를 제대로 쓰고, 얼마나 열심히 공부하고, 수많은 학습교재(현장 학습, 즉 동료 미군들이 가장 좋은 학습교재입니다)를 얼마나 잘 활용하느냐가 10년을 좌우합니다. 열심히 하세요.

이것만은 꼭 지켜라

이제 기쁨에 찬 제대를 한다면 제가 당부하는 몇 가지를 잘 들어두세요. 첫째, 제대에 즈음해서는 작정하고 미군들하고 일부러 시간을 내어서 따로 만나고 생각이 좀 깨어 있는 아이들과 특정 주제를 꺼내서 진지한 토론을 해보세요. 물론, 대부분의 미군은 진지한 얘기하는 거 별로 안 좋아합니다. 따라서 요령껏 분위기를 만들고 대화해야 합니다. 자연스럽게 말이죠.

둘째, 그간 생각만 하고 별로 가보지 못했던 부대 내 도서관에 가서 쓸 만한 자료들을 섭렵해보세요. 한국 도서관에서는 볼 수 없는 자료들이 꽤 있답니다. 좋은 DVD나 원서들이 넘쳐납니다.

셋째, 제대하자마자 바로 좋은 토익 학원의 실전반에서 2개월 수업을 들으세요. 2개월 동안 LC는 만점을 겨냥하고, 특히 RC 향상에 총력을 기울이세요. 그래서 2개월 뒤 토익 시험에서 LC 480점 이상, RC 450점 이상을 받아야 합니다.

넷째, 어학연수를 가겠다는 말도 안 되는 생각은 당장 버리고, 회화학원 다닐까 하는 생각도 버리세요. 전혀 필요없습니다.

다섯째, 제대하고 재학 기간은 1년 정도 남기는 것이 좋습니다. 일반 육군으로 제대했다면 2년 정도가 적당하지만 카투사의 영어 실력을 실제로 취업시장에서 써 먹고 싶다면 3학년이나 2학년 마치고 군대가는 게 좋습니다. 저는 4학년 1학기 마치고 카투사 입대했습니다. 제 경우는 너무 늦은 편이었지만, 어찌 되었든 1학년 마치고 카투사 입대하시는 건 절대 반대합니다.

카투사라는 남들과 다른 큰 장점이 있으므로 제대와 동시에 꼭 복학하지 않아도 무방합니다. 몇 달 쉬다가 복학하더라도 남들보다 훨씬 앞서가게 되니까 걱정 말고 경쟁률 낮을 때를 골라서 지원하시는 것도 전략입니다. 카투사 입대 전에 영어공부와 운동을 많이 한 상태에서 입대하고, 2년 복무하는 동안 살아있는 영어교재(?)들과 제대로 시간을 보내다가, 제대 후에 학원을 겸해서 공부한다면 최상의 플랜이 될 겁니다.

| 알아두기 | **미군부대에 취직하기**

미군부대 안에서 한국사람이 취업할 수 있는 영역이 생각보다 꽤 넓습니다. 미군부대 안에서 근무하는 것에 대해 일반인들도 어느 정도의 관심이 있더군요.

이렇게 미군부대 내에서 한국인이 하는 업무의 공식 명칭은 KSC Bn(Korean Service Corps Battalion: 미8군 지원단)입니다. 1950년 7월, 한국전쟁 발발 직후에 미군부대에서 긴급하게 지원요청을 하면서 당시 대통령 이승만에 의해 창설되어, 한국인들을 고용해서 미군부대에서 필요한 여러 일을 맡겨왔지요. KSC라는 현재의 명칭으로 굳어진 것은 1951년부터라고 합니다.

하는 일에 따라 부르는 명칭도 좀 다양한 편입니다. 세부업무에 따라 KGS, KWB라고 부르는 경우도 있습니다. KGS는 언어통역관, 언어교육관, 행정보좌관, 수송보좌관, 작전처장, 보급관, 도장공, 민사관, 사격장 운영전문관, 병참관리자, 통신원 등의 사무직이라 할 수 있고, KWB는 버스운전사, 구급차운전사, 석공, 폭발물 검사관, 중장비 운전원, 영선총반장, 사격장 관리원, 물품관리원 등의 기술직에 해당하는 일을 하게 됩니다. 엄밀한 구별은 쉽지 않네요. 버거킹, 타코벨 등 음식점에서 일하는 경우는 AFEES라고 분류합니다.

급여는 초임 연봉 2000만 원에서 7000만 원까지 다양합니다. 지원과정과 업무, 그리고 배치되는 부서에 따라 급여는 차이가 큰 편이지만 급여가 낮더라도 복리후생 혜택(benefits package)은 괜찮은 편입니다. 보너스 800%, 주 5일 근무, 오전 8시 출근 오후 5시 칼퇴근, 한국 휴일과 미국 휴일 모두 오프, 연가 및 병가는 연 100시간 남짓 정도 주어집니다. 60세 정년까지 해고도 어지간해서는 없습니다.

업무는 다양합니다. 위에서 언급한 것 이외에도 좀더 구체적으로 알려드리자면 사격실 관리, 패스트푸드점 영업, 통행증 발급 업무, 통신이나 인터넷 관련 업무, 버스 운전, 식당, 우체국, 도서관, 극장 같은 편의시설 관련 업무 등을 보게 됩니다. 제 친구 하나도 미군부대에서 일하고 있는데, 여건이 꽤 좋아보이더군요. 그 외에 굉장히 예외적인 경우지만 미군부대 병원에서 간호사로 근무하는 경우도 있습니다. 다만 이 경우는 KSC라고 보는 것이 아니라, 해외취업으로 보는 것이 더 옳습니다. 대부분 우리나라 여자 간호사들이 지원하기 때문이기도 하고, 간호사를 뽑을 만큼 큰 병원을 가진 미군부대가 많지 않기 때문에 할당 인원은 많지 않습니다. 그래도 미국간호사를 꿈꾸는 간호사들이라면 노려볼 만한 곳이지요.

택시운전사, 보안요원, 물류 관련 업무는 KSC가 아닙니다. 외부용역을 주어서 미군부대에서 일하는 것인데, 따라서 KSC가 받는 여러 혜택은 해당사항이 없습니다. 급여도 상대적으로 낮을 수

밖에 없고, 영어 실력도 별로 따지지 않습니다. 전투 MP 당시 게이트에서 근무하던 SG(Security Guard) 아저씨와 친하게 지낸 적이 있었습니다. 대부분의 SG 아저씨들은 아버지뻘로 나이가 좀 많으신데, 그 아저씨는 공교롭게 저와 나이가 같았습니다. 젊은데 SG를 하고 있는 것이 좀 특이하기도 했고, 전 카투사 중에서 나이가 가장 많았다는 공통분모도 있고 해서 제대 후에도 따로 몇 번 만날 정도로 친하게 지냈습니다. 그 친구는 SG를 계속 할 생각은 아니었고 1~2년 정도만 할 예정이라고 하더군요. SG는 KSC가 아니라서 급여도 좋지 않고 근무환경도 열악합니다. 초소근무로 근무지가 한정되니 불편하기도 하고 업무도 단순해서 지루하죠. 단순한 일을 하니까 졸리기도 하고 피곤한데 자꾸 MP들이 와서 체크하니 스트레스도 받는 일입니다. 그러니 젊은 사람들보다는 나이 드신 분들이 주로 하십니다.

카투사 전역자가 KSC를 하겠다고 지원하면 가산점이 주어지지만, 카투사 전역자가 바로 KSC가 되는 경우는 흔치 않습니다. 일단, 제대를 하더라도 대학을 졸업하기까지 2년 이상 남아 있는 경우가 많기도 하고, 생각보다 KSC에 대한 정보가 많지 않기 때문이기도 할 겁니다. 게다가 인원 변동이 거의 없습니다. 사고를 치지 않는 한 해고도 없고, 결원이 생겨도 휴직 중인 직원을 0순위로 충원합니다. 또한 상당수 직위는 내부공고를 통해서 채우거나 추천을 통해 채용합니다. 하지만 좋은 직장에 들어가기는 늘 어려운 법이니 만큼 시도해볼 만한 가치는 있습니다.

| 갔다왔어요 | **카투사 취업 성공기**

영어 실력이 취업의 발판이 되다

다른 학생들도 마찬가지겠지만 저도 입학해서 학교생활을 하면서 군대와 진로에 관해 이런저런 생각이 많았습니다. 그러던 중 카투사 제도에 대해서 알게 되었고, 카투사로 군복무를 하면 입대하는 것보다 자유시간도 많고 또한 영어도 배울 수 있겠다 싶었지요. 그래서 카투사로 입대하게 되었습니다.

  입대 전에는 솔직히 영어 성적이 별로 좋지 않았고, 특히 외국인과 영어로 대화한다는 것은 생각지도 못했는데요. 26개월 간 군생활을 하고 나니 자연스럽게 영어 실력이 향상되어 전역을 할 때쯤 되어서는 외국인과의 대화가 어렵지 않을 정도가 되었습니다. 이때 쌓인 영어 실력 때문인지 첫 직장이었던 CJ 주식회사에 4학년 재학중에 합격했지요. 당시 토익 점수는 950점이었습니다.

  2년 정도의 회사생활을 정리하고 사립대학교인 한국정보통신대학교(ICU)를 거쳐 현재 다니고 있는 한국과학기술원(KAIST)으로 직장을 옮기는 데에도 카투사 생활에서 얻은 영어 실력이 가장 크게 작용한 것 같습니다.

  카투사 생활로 얻은 영어 실력과 글로벌 마인드, 그리고 미국인과 직접 부대끼며 겪은 경험들은 해외에서 공부하는 것 이상으로 인생을 살아가는데 큰 자산이 되었다고 생각합니다. 이제 카투사에 관심 갖게 된 여러분들도 주저하지 말고 카투사가 될 기회를 잡으셨으면 합니다.

- 한국과학기술원(KAIST) 예산팀 정성훈

영어가 아니라 삶을 배울 수 있는 카투사

신의 아들이 아닌 이상 대한민국 남자들은 모두 군대에 가야 됩니다. 그런데 국방의 의무도 전략적으로 선택하는 사람들이 있습니다. 이들은 공군이나, 해군 등 뿐 아니라 운전병, 행정병 등 병과도 사전에 준비를 해서 군생활 2년을 알차게 보내려고 노력하지요. 그리고 이러한 노력들은 대부분 군생활뿐만 아니라, 제대 후 학업이나 취업에 있어서도 플러스 요인이 됩니다.

이런 전략적 선택 중에서도 카투사 입대는 많은 이점이 있습니다. 카투사가 되면 굉장히 좋은 인프라와 프로그램들을 접할 수 있습니다. 지금껏 미국에 가 보지 않았다면 교과서나 영화로만 접했던 것 이상의 '날것'을 경험할 수 있습니다. 눈과 귀로만 배우는 것이 아니라 생생한 미국인의 삶을 온몸으로 받아들일 수 있지요. 뿐만 아니라 받아들여야만 살아남을 수 있죠.

그렇다고 해도 노력하지 않으면 그 이점을 제대로 살리기 힘듭니다. 보통 카투사들의 지원 사유를 들어보면 대부분 "영어를 배우기 위해서", 그리고 "편하다길래"라고 답합니다. 그런데 가만히 들여다보면 이 두 가지 이유는 서로 모순됩니다. 편하게 영어나 배울 수 있다? 대한민국에서 십수 년을 영어를 배워봐서 알겠지만, 어디 영어 실력이 편하게 저절로 늘던가요? 카투사에 들어가기만 하면 갑자기 안 되던 영어가 술술 되는 것이 아닙니다. 카투사 출신 중에도 영어가 안 되는 사람들이 꽤 있습니다. 이런 사람들은 카투사 생활을 하면서 배운 거라곤 속어나 욕 몇 마디밖에 없고, 그마저도 어떤 상황에서 써야 하는지 제대로 알지도 못하지요.

카투사가 됐다면 좋은 환경을 제대로 활용해야겠지요. 적극적으로 이 모든 것들을 이용해 자신의 수준을 업그레이드해야 하지 않겠습니까. 피하지 못하면 즐기라는 말이 있지요. 내게 주어진 시간을 어떻게 보낼 것인가, 카투사 생활이 내 삶에 어떻게 플러스가 되게 할 것인가, 이런 질문들에 답을 하면서 보다 구체적인 목표와 계획을 세우시길 바랍니다.

저는 지금 KT 해외영업부에서 일하고 있습니다. 그런데 제가 여기서 일하게 된 것이 단지 영어를 잘해서였을까요. 정말 영어를 잘하는 사람들은 따로 있습니다. 교포들도 있고, 유학파들도 있지요. 그에 비하면 카투사 생활이 전부인 제 영어 실력은 한참 못 미칩니다. 그리고 정말 정확한 영어가 필요하면 기업은 통번역 대학원을 나왔거나 워싱턴 정가의 고급 영어를 사용하는 사람들을 고용합니다.

그래도 제가 여기에서 살아남을 수 있었던 건 남다른 경험 때문이라고 생각합니다. 카투사 생활에서 경험한 다양한 사람, 문화, 업무 같은 것이죠. 그때 몸에 밴 순발력과 임기응변 능력은 비즈니스 상황에서 마주치는 돌발상황에서도 침착하게 위기를 넘길 수 있도록 도와주었습니다.

미국 입장에서 보면 한국은 최전방입니다. 사지나 다름없지요. 그 속에서 벌어지는 일들은 단 1초도 녹록한 것이 없습니다. 카투사 생활에서 여러분이 맞닥뜨리게 될 경험이라는 것은 여러분의 삶 중 어느 순간보다 더 진한 면면이 될 것입니다.

카투사를 지망하는 분들, 그리고 높은 경쟁률을 뚫고 카투사로 선발되어 입대를 기다리시는 분들. 제대를 명받고, 휴가가 아닌 귀가를 하는 날, "왔노라! 보았노라! 별 거 아니었노라!"라고 당당히 말하며 웃는 자가 되어야 하지 않을까요? 그동안의 삶이 성공적이지 못했다고 생각하신다면, 여기에 반전의 기회가 있습니다. 이 좋은 기회를 꼭 잡으시길 바랍니다.

- KT 해외영업부 박필수

09

토익 점수, 이렇게 올려라

- ★ 토익 시험, 이렇게 준비하라 _{토익 공략법}
- ★ LC: 문제를 풀까, 정리를 할까 _{LC 문제 대처법}
- ★ RC: 문제는 표현이다 _{RC 문제 공략법}
- ★ 입대 전 영어공부는 필수다 _{입대 전에 영어 준비하기}
- ★ 학원이냐 독학이냐, 그것이 문제로다
  _{나에게 맞는 공부법}

토익 시험, 이렇게 준비하라
토익 공략법

▎토익은 변한다

토익 시험이 조금 어려워지는 경향을 보이고 있습니다. 사실 문제 자체가 어려운 것은 아닌데도 어렵게 느껴지는 것은 새로운 경향의 문제들이 조금씩 나오는데다가 혼자 공부하기 힘든 패러프레이징 문제도 출제되기 때문입니다. 즉, 어떤 표현을 공부해두어도 다음 시험, 또 그 다음 시험에 그 표현이 그대로 나오지 않습니다. 단어가 바뀌거나 다른 구문으로 묻는다거나 하지요. 2010년부터는 매월 새로운 어휘와 표현을 이용한 어려운 문제가 3개씩 포함되고 있습니다.

   토익 시험의 효용성에 대해서는 이런 저런 의견이 많지만, 시험 자체로 보면 토익은 시대에 맞추어 꾸준히 변화를 반영하고 있는 괜찮은 시험입니다. 2002년까지는 60세트의 문제를 미리 만들어 문제은행식으로 데이터를 모아두고 일정 패턴으로 출제했습니다. 그래서 당시까지는 '찍기' 강의가 가능했지요. 2003년에서 2006년 4월까지 시행된 토익을 '구토익'이라고 부르는데, 이때부터는 문제은행에서 벗어나 매월 새롭게 문제를 만들어서 출제했습니다.

   그리고 2006년 5월부터는 '뉴토익'이라고 해서 파트 6(문법·어휘)에 큰 변화를 주었습니다. 밑줄을 4개 그어놓고 틀린 부분을 고르는 문제(correction)를 폐지하고 파트 5와 동일한 유형의 문제를 독해를 사용해서 출제합니다. 9월부터는 파트 6에서 독해지문 하나로 4문제를 내다가 3문제를 내는 것으로 조금 바뀌었습니다. 같은 해 12월부터는 '스피킹/라이팅' 시험을 추가하는 등으로 또 한 차례 바뀌었죠. 그러나 현재는 라이팅 시험은 의미가 없어졌고 스피킹 시험이 부각되고 있습니다. 2009년부터 2012년도까지 시험이 쉽지 않았던 가운데, 2013년 이후의 토익 시험 양상도 만만치 않은 형태를 유지하다가, 2006년 뉴토익 이후 만 10년만에 2016년 5월부터 신토익이 시행되어 직장생활에 더 밀접한 유형으로 바뀌었습니다.

이렇게 변화하는 토익 시험이지만 대응할 해법이 없는 것은 아닙니다. 물론 제가 다 해결해드릴 수는 없지만, 지원기준인 토익 780점을 넘겨서 카투사 합격에 안정적인 점수인 850~930점을 만드는 데 가장 빠르고 명쾌한 방법을 조금이나마 제시해드리고자 합니다. 학원 강의실에서 전해드리는 것이 아니라서 어쩔 수 없는 한계는 있지만, 그래도 이 글을 읽고 영역별 공부방법을 수정하고 조금만 시간을 투자하면 점수와 실력 동시에 잡을 수 있습니다. 850~930점 달성은 시간투자를 조금만 효율적으로 한다면 가능합니다. 따라서 카투사 지원을 위한 최소 기준인 780점을 만드는 일은 그보다는 쉽겠지요.

780점 넘기기가 일차 목표다

그럼에도 불구하고 사실 780점 이상 받는 학생들은 생각보다 적습니다. 학원에 오는 학생들의 절대 다수가 600점 내외의 학생들이고, 이상하게 점수가 오르지 않는다고 고민들을 하지요. 다들 나름의 방법으로 점수를 올려보려고 애쓰고는 있습니다. 매일 많은 양의 모의고사를 푼다던가, 기출문제만 푼다거나, 지나치게 어렵거나 쉬운 문제를 푼다거나 하는 시도들을 하더군요. 하지만 이런 방법으로는 점수가 쉽게 오르지 않습니다. 특히 기출문제는 다시는 출제가 되지 않는데도 그것을 구해서 풀어본다는 것은 무의미한 일에 가깝습니다. 오히려 기출에 나왔던 예문 중 오답을 연구하는 것이 더 중요합니다. 오답은 조만간 정답으로 출제될 가능성이 크기 때문에 연구할 가치가 있습니다.

각자 수준에 맞추어 공부하자

각자 현재 점수에 맞는 난이도의 교재로 공부해야 최적의 효과를 볼 수 있습니다. 학원 수강이 가능하면 더 빠른 시간에 점수를 만들 수 있고요. 일단 현재 각자의 상황에 맞는 진단과 처방을 간단히 살펴볼까요? 다음 표에 정리했습니다.

▶ 토익 점수별 공부방법

토익 점수	중점영역	내용
500점 이하 수능영어 5~8급	파트 1, 2, 5	기초문법 학습과 기본어휘 암기하기
600점 이하 수능영어 3~4급	파트 2, 3, 5	기본 수준의 토익책을 1~2개월 안에 독파하는 것을 목표로 하기
700점 이하 수능영어 2~3급	파트 3~6	표현과 구문 위주 학습을 본격적으로 하기
800점 이하 수능영어 1급	파트 2~7	치밀하게 오답을 연구하고 독해에 시간 투자하기

토익에 투자하는 하루 공부시간은 점수대별로 조금씩 다르지만, 대체로 다음과 같이 하면 무리가 없습니다. 토익 공부가 처음이면 LC 2시간에 RC 2시간이면 좋습니다. 600점 근처라면 LC 2시간에 RC 3시간, 700점이면 LC 1시간 30분에 RC 3시간 30분, 800점이면 LC 1시간 미만에 RC 3시간 정도가 적당합니다. 물론 절대기준은 아니니까 참고로 하시고 공부하면서 조금씩 조정해보세요.

마지막으로 토익 공부하기 전에 꼭 알아둬야 할 대전제가 있습니다.

첫째, LC는 많이 듣는다고 귀가 트이지 않습니다! 무조건 듣는 게 아니라 패러프레이징 문장을 암기해서 문제 푸는 능력을 배양하고, 들은 것을 바로 정답으로 연결하는 패턴 연구로 극복해야 합니다. 또한 기본 LC 어휘를 외우는 건 기본입니다.

둘째, RC는 시간 싸움에서 이기는 것과 맥락을 파악하는 것이 관건입니다! 전체 내용을 1~2회만 읽고도 풀 수 있도록 훈련하면서 전체 흐름을 파악하고 적용하는 치밀한 연습이 필요하지요. 표현과 구문을 가지치기식으로 학습하는 것이 가장 좋습니다.

LC 따로, RC 따로, 독해 따로 공부하는 대신에 한 영역을 공부하더라도 전체 영역을 커버할 수 있게 접근해야 합니다.

LC: 문제를 풀까, 정리를 할까
LC 문제 대처법

▍무작정 듣기로는 해결 안 된다

2003년 이후, 그리고 2010년을 지나면서 LC는 파트 1, 2가 다소 어려워지고 있습니다. 물론 같은 파트가 늘 똑같이 어려운 것은 아니지만 전반적인 경향이 그렇습니다. 패러프레이징과 수동태 질문, 평서문 연결 질문이나 부가의문문 때문에 내용을 파악하기가 힘들어지기도 했고요. 4개 영역이 모두 쉬웠던 경우는 없었습니다. 늘 1개나 2개 영역이 어려워서 점수 상승을 방해하고 있지요. 공교로운 것은 파트 1이 어렵게 출제되면 이후 풀게 될 전체 영역에 심리적 영향을 끼칠 가능성이 크다는 겁니다. 첫단추를 잘 끼워야 된다는 거지요.

 총점 780점을 받으려면 LC는 410점, 850점을 받으려면 440점, 930점을 받겠다면 480점이 되어야 합니다. LC 380점을 넘어 고득점인 450점을 넘기 위해선 단순히 모의고사만 풀어서는 안 됩니다. 또 마냥 받아쓰기 한다고, 이어폰 귀에 꽂고 다닌다고 해결되지 않습니다. 집에서 늘 미국방송 틀어놓고 있다고 어느날 귀가 뻥 뚫리는 것도 아닙니다. 무턱대고 할 것이 아니라 가장 적절한 방법을 찾아 꾸준히 노력해야 합니다.

▎ LC 영역별 공략법

사실 LC는 쉽게 점수를 올릴 수 있는 영역이기도 합니다. 어느 정도 시간 투자도 필요하지만, 이 시간 동안 각 파트별로 문제점을 정확하게 진단하고 효율적으로 그에 맞는 투자를 하는 것이 더 중요하겠지요. 그러면 LC 각 파트별로 중요한 부분을 짚어볼까요.

파트 1은 사실 듣기 문제가 아니라 어휘 문제입니다. 문맥에서 파악할 수 없을 만큼 짧은 문장을 하나 주기 때문에, 어휘 실력이 부족하면 10문제를 다 맞출 수 없습니다. 생각보다 다 맞추기가 어려운 영역이지만 많아도 2문제 이상 틀리면 안 됩니다.

파트 2는 내용 이해도를 묻는 것이 아니라 얼마나 많은 표현과 구문을 알고 있는지, 그것이 어떻게 쓰이는지를 제대로 알고 있는지 판단하는 영역입니다. 따라서 점수 상승 속도가 상대적으로 더디지요. 파트 2 점수를 올리려면 딕테이션(받아쓰기)을 바탕으로 공부하고, 듣거나 읽어도 무슨 말인지 이해하기 어려운 문장은 암기해두는 것이 효과적입니다. 그리고 첫 단어를 제대로 듣느냐가 문제를 맞히는 데에 큰 영향을 주니 유의해야 합니다.

파트 3은 두 사람의 대화가 5번 이상 이어진 후 그에 대해 3문제를 푸는 방식인데, 적혀 있는 3문제를 주어진 시간 안에 읽어내느냐가 관건입니다. 신토익 시행 이후 기존 30문제가 39문제로 늘어나서 가장 비중이 커졌지요. 문제의 80% 정도는 대화의 진행순서에 맞게 출제하므로 들으면서 차례로 답을 골라내면 됩니다. 파트 3 점수를 빨리 올리려면 두 사람씩 짝을 지어서 역할극을 해보면 좋습니다. 대본을 보고 하다가 가능하면 외워서 연습하면 훨씬 효과적입니다.

파트 4는 한 사람의 진술을 듣고 내용을 파악해야 합니다. 내용 전체를 이해해야 하므로, 파트 2 내용에 대한 딕테이션이 어느 정도 가능해진 후에 섀도잉(shadowing: 그림자처럼 한 문장을 단위로 끊어서 녹음된 문장을 멈추고 그대로 따라 말하거나, 때로는 멈추지 않고 한 문장 단위로 따라 말하는 방법)이나 에코잉(echoing: 메아리처럼 녹음된 문장이 나오면 한 문장이 끝나지 않아도 일 초 정도의 간격을 두고 그대로 따라 말하는 방법)까지 하면 LC를 470점 이상까지 올릴 수도 있습니다. 파트 2 내용을 딕테이션하는 데에 익숙해지면 파트 4 내용으로 딕테이션과 따라 읽기를 연습하세요. 막혀 있던 점수가 뻥 뚫리는 쾌감을 맛볼 수 있습니다. 섀도잉까지는 한다 하더라도 에코잉은 상당히 어렵습니다. 하지만 하루에 10분 정도만 해도 효과는 엄청납니다.

패러프레이징이 중요하다

LC에 있어서 가장 중요하고 필수적인 공부는 패러프레이징(paraphrasing: 같은 문장 바꾸어 말하기)입니다. 문제나 지문에 나온 단어나 표현이 어떻게 다른 형태로 나올 것인가, 그에 따라서 답을 어떻게 예측할 것인가에 대한 공부를 하는 것이지요. 지면으로는 설명이 불가능하므로 학원에서 공부하는 것이 효과적인데, 사실 패러프레이징을 제대로 강의하는 강사는 서울 종로나 강남에서도 10명이 채 되지 않습니다. 왜냐하면, 패러프레이징을 정리한다는 것은 토익 LC 문제 출제 전반에 대해 완벽하게 이해하고 있고, 다음 달과 그 다음 달에 어떤 문제가 나올 것인가에 대한 예측이 가능할 만큼 출제의도를 꿰뚫고 있다는 뜻이기 때문입니다. 또 패러프레이징을 정리하는 과정은 상당히 지루하고 오래 걸리는 일입니다. 강사 입장에서는 귀찮을 수밖에 없지요. 신토익에서 파트 3과 파트 4에 나오는 표를 읽어서 청취와 대입하는 문제도 패러프레이징을 얼마나 잘 정리할 수 있느냐가 고득점을 얻는 데에 키포인트가 될 겁니다.

  하지만 이것을 제대로 해야 의미 있는 LC 강의가 가능합니다. 지루하지 않고 재미있게 공부할 수 있게 되지요. 패러프레이징은 독학하기가 쉽지 않지만, 대신 공부하면 "이거였구나! 이제 LC가 뭔지 알겠다!"를 외치게 될 겁니다.

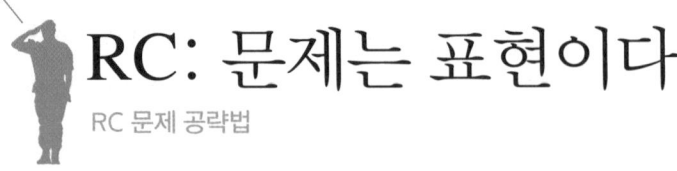

RC: 문제는 표현이다
RC 문제 공략법

▌ 어휘, 문법이 아니라 표현이 문제다

RC는 파트 5, 6, 7로 나뉘는데요. 사실 문법과 어휘로 알고 있는 파트 5, 6는 문법이나 어휘문제가 아닙니다. 문법과 어휘문제는 20~30%만 출제되고, 표현과 구문을 알고 있는지 묻는 부분이 나머지 70~80%를 차지합니다. 문법이나 어휘를 주로 묻는 문제는 토익보다는 텝스나 토플에서 나옵니다. 따라서 토익 점수를 올리려면 어휘 암기에 주력하는 것은 옳은 접근법이 아닙니다. 물론, 어휘 암기와 문법 공부는 400점대와 900점대의 학생들에게는 중요합니다. 영어공부 초기에는 어휘를 암기해두어야 문장과 문맥에 대한 이해가 쉬워지고, 900점 이상을 뛰어넘기 위해서도 남은 영역은 어휘뿐이기 때문입니다. 하지만 500~700점대 학생들에게는 막연하게 하루 100~200개씩 단어를 외우거나 목적 없이 문법공부에 투자하는 것은 바람직하지 않습니다. 물론 텝스로 점수를 제출하려면 단어 암기와 문법에 신경을 쓰는 것이 맞습니다.

▌ 초반에는 파트 5, 6을, 중반부터는 파트 7을 공략하라

RC에서는 독해(파트 7)보다 파트 5, 6에서 좀더 쉽게 점수를 올릴 수 있습니다. 그런데도 학생들은 파트 5, 6의 점수가 잘 늘지 않는다면서 파트 7 공부만 해보려고 애를 씁니다. 하지만 공부방법만 약간 바꾸면 단기간에 점수 상승을 기대할 수 있는 부분이 바로 파트 5와 6입니다.

방법은 비교적 단순합니다. 단어, 숙어 암기에 주력하기보다는 동사에 연결되는 명사, 형용사와 붙어다니는 명사, 동사를 수식하는 부사 덩어리, 자동사와 전치사 묶음, 단어의 뜻만으로는 해결이 되지 않는 표현과 구문의 학습에 중점을 두어 학습하세요. 그러면 어렵지 않게 단기간에 점수를 올릴 수 있습니다. 제 수강생 중에서도 한 달에 200점 이상 점수를 올린 경우가 꽤 있습니다.

독해문제인 파트 7은 꽤 긴 내용을 읽고 문제를 풀어야 되니 많이들 부담스러워하고 어려워합니다. 그러나 파트 7은 시간이 모자란 것이 문제지 사실 어려운 영역이 아닙니다. 시간 안에 다 풀지 못하는 경우가 다반사여서 막연하게 어렵다고 생각하는 것 같습니다.

끝까지 다 풀지 못하는 것을 해결하고자 파트 7 독해 공부에 주력하는 학생들이 있는데, 결론부터 말씀드리면 별로 좋은 선택은 아닙니다. 하루에 독해 1세트씩을 꾸준히 푼다던가, 파트 5, 6은 나중에 하고 파트 7만 공부하려고 하는 시도들은 투자시간 대비 효율이 높지 않습니다. 오히려 파트 5, 6을 공부하면 파트 7 상승도 가능하지만, 파트 7만 하면 파트 5, 6은 무조건 점수가 떨어지게 되어 있습니다.

따라서 공부 초기(1~2개월)에는 파트 5, 6에 중점을 두고, 중기(2~4개월)에 파트 7에 중점을 두어 공부하면 900점 이상 고득점 달성에 유리합니다. 초기에는 파트 5, 6를 60% 이상 공부하다가, 중기를 넘어가면서 파트 5, 6를 40% 정도의 비중으로 조절하면 바람직합니다. 이렇게 하면 같은 시간 내에 RC 정복은 물론, 작문과 회화 실력도 동시에 얻게 됩니다.

입대 전 영어공부는 필수다
입대 전에 영어 준비하기

▌ 입대 전 듣기와 말하기 공부는 필수

카투사로 군대가면 2년 동안 영어만 쓰다 나올 수 있는데 굳이 회화 학원을 다닐 필요가 있을까 싶지만, 이는 괜찮은 선택입니다. 왜냐면 카투사는 영어를 배우려고 들어가는 게 아니라 영어를 쓰면서 업무를 해야 하기 때문이지요. 따라서 영어를 향상시킬 시간이 2년 있는 것이 아닙니다. 논산훈련소 5~6주 훈련을 마친 직후부터 약 3~4개월이라는 시간 안에 영어를 끌어올려야 하지요. 여러 번 되풀이해서 말씀드리지만, 미군들은 KTA 후반기 교육대 이후 자대배치를 받아서 일병(PFC)으로 진급하기 전까지 3개월 정도만 영어를 못 알아들어도 이해해줍니다. 하지만 PFC를 달고 진급하는 순간부터는 영어를 못 알아듣거나 의사를 전달을 제대로 못하면 무시하거나 따돌림하기 딱 좋습니다. 영어를 못하면 스트레스를 받을 수 밖에 없기 때문에 편하게 공부할 때보다는 실력이 빨리 늘 수 있지만, 그렇다고 모든 카투사들이 이병 동안 영어 실력이 좋아지지는 않습니다.

사실, 상병이 될 때까지 영어 실력이 아주 더디게 나아지는 카투사가 3분의 2 이상이지요. 크게 노력하지 않아도 일병 시절 내내 미군들과 적당히 재미있게 지낼 수는 있습니다. 하지만 자신의 생각을 표현한다거나 특정 주제에 대해 토론하는 수준은 되지 못합니다. 그 정도 수준이 안 되면 제대 후 취업전선에서 '카투사'라는 이점을 제대로 누릴 수 없습니다. 따라서 영어 실력 향상에 유리한 보직을 받지 못하더라도 자주 이야기 나눌 만한 미군들을 옆에 놓을 상황을 어떻게든 만들어야 하고, 그에 앞서 입대 전에 듣기와 말하기 수준을 끌어 올려두는 것이 좋습니다.

결론을 내리자면 듣기 능력은 상급을 만들어 놓고, 회화는 적어도 중급이나 중상급 정도를 만들어 놓고 나서 논산훈련소행 버스를 타는 것이 최상입니다. 제대하고 나서는 회화 학원에 다니지 마세요. 돈 낭비입니다. 하지만, 입대 전에 회화 학원이나 청취 학원을 다니는 것은 권할 만합니다.

단시일 내에 듣기 말하기 끌어올리기

회화 학원을 다녀도 어색해하거나 조용히 있으면 안 됩니다. 주변에서 욕하면서 손가락질하더라도 끝없이 무언가 말하고 나서고 해야 실력이 늡니다. 되던 안 되던 이런저런 말을 만들어내세요. 머릿속으로 완벽한 문장을 만들 생각 말고, 단어만 나열한다 해도 나오는 대로 마구 말을 해보는 것이 중요합니다.

특히 더 좋은 방법이 있다면, 미드나 영화를 보다가 혹은 토익 학원을 다니다가 배운 표현들을 회화 학원에서 원어민에게 꺼내보는 거죠. 그런 식으로 표현 중심의 회화연습을 하고 입대하면 정말 단기간에 카투사로 2년을 보내는 데에 충분한 기반을 다질 수 있습니다. 이병(PV2)이 들어오자마자 별 두려움 없이 영어를 하면 선임들도 기분 좋고 미군들도 보는 시선이 당연히 달라집니다. 인정받고 군생활을 시작하게 되고, 칭찬은 고래를 춤추게 하듯 그들의 인정이 여러분을 더 발전시키는 마법을 경험하게 될 겁니다.

학원이냐 독학이냐, 그것이 문제로다
나에게 맞는 영어공부법

▌학원에서 공부하기

카투사 지원을 위한 필수 점수 780점 따기는 만만한 것은 아닙니다. 학원 수강을 하는 것이 가장 효율적이지만, 혼자 공부할 수 밖에 없는 사람도 있을 겁니다. 각각의 방법을 최대한 활용할 수 있는 방법을 알려드릴까 합니다.

먼저, 학원을 선택한다면 자기 실력보다 한 단계 위의 수업을 듣기를 권합니다. 듣기에 편한 수업은 들을 때는 좋을지 몰라도 점수 올리는 데에는 도움이 안 됩니다. 편안하게 여가를 즐길 셈으로 영어공부를 한다면 모를까, 토익 점수 상승을 목표로 한다면 편안한 수업보다는 약간 벅찬 느낌의 수업이 좋습니다. '약간 벅차다'는 것은 "수업 내용의 60% 정도만 이해가 되고 나머지는 잘 못 알아듣겠어" 정도의 수준을 말합니다. 수업 내용이 절반도 이해가 안 된다면 너무 높은 수준을 선택한 것이지만 절반 이상 알아듣는 정도면 괜찮습니다.

학원을 수강하면 일단 2개월에서 4개월 안에 점수를 받는 것이 가장 이상적입니다. 토익은 어려운 수준의 시험이 아니기 때문에 6개월 이상 할 공부는 아닙니다. 토익 점수가 300점 이하거나 수능영어 등급이 5~8

등급이라면 6~8개월 정도를 목표로 삼고, 토익 점수 500점 이상이거나 수능영어 4등급 이상이면 4개월을 한계로 정하고 공부하면 900점을 받을 수 있습니다. 따라서 학원에서도 '2개월 + 2개월'로 단계를 밟아가는 게 좋습니다. 기본반(중급)을 2개월 듣고 실전반을 2개월 듣는 순서로 수강하는 것이 실제로 토익 점수를 올리기도 좋고, 자대에 배치를 받았을 때 적응하기도 수월합니다. '입문반 + 기본(중급)반'으로 4개월을 들으면 780점은 간신히 넘길지 몰라도 자대에 가서 실제로 적응하기가 좀 어렵습니다. 그리고 입문반으로 시작해서 기본(중급)반까지 듣고 800점 받는 것을 목표로 하지 말고, 기왕이면 실전반까지 가서 900점을 받고 카투사 입대해야 캠프 적응이 쉬울 겁니다.

자기에게 잘 맞는 수업을 고르기 어려우면, 학원 수강생들의 후기를 읽어보는 것도 좋습니다. 학원 수강을 시작했으면 '스터디'에도 적극적으로 참여하면 수업 내용를 완벽하게 소화하는 데에 도움이 됩니다. 하지만 도저히 스터디를 못 하겠다면 최대한 선생님들을 찾아다니면서 질문하고 자기가 가진 문제가 무엇인지 진단을 받으세요. 카페가 활성화되어 있는 강의는 카페에서도 정보를 얻고 질문도 하면서 적극적으로 점수를 만들어 보세요.

혼자서 공부하기

학원 수강을 하지 않고 혼자서 해결하겠다고 생각하는 분들도 있습니다. 그러나 이런 학생들은 언어 능력이 탁월하던가, 영어를 원래 좋아했던가 하는 학생들로 국한이 된다고 볼 수 있습니다. 다른 사람의 도움이 없어도 혼자 자리에 앉아서 집중력을 유지하며 최소한 2시간은 앉아서 공부할 수 있고, 하루에 총 7~8시간 토익만 공부할 수 있다면 혼자 공부도 괜찮습니다. 그 패턴으로 두어 달 공부할 수 있다면 학원에 왔다 갔다 하는 시간을 버리느니 혼자 공부하는 것이 훨씬 나을 수 있지요. 그런데 그 정도의 스타일이라면 아마도 이미 영어를 잘하던가, 공부를 시작하더라도 한두 달이면 원하는 점수를 받아서 카투사 지원이 가능할 겁니다.

혼자 공부하면 학원 다니는 것보다는 목표 점수를 받는 데에 시간이 더 걸립니다. 학원 수강을 하면 3개월이면 되는데 혼자 하면 5개월은 공부해야 한다던가 말이죠. 자금 문제로 학원을 다닐 수가 없으면 학원에 조교로 일할 수 있는지 알아보세요. 학원 일을 조금 도와주면서 수강을 할 수 있는 좋은 방법입니다. 일이 많아서 못하겠다면 선생님들의 개인 조교로 일할 수도 있습니다. 선생님의 일만 도우면서 수강을 할 수 있지요. 일을 착실히 잘하면 학원 수강하는 기간 내내 조교일을 할 수도 있고, 유급조교가 될 가능성도 있으니까 시도해볼 만합니다. 돈이 부족해도 학원 수강할 수 있는 길이 열려 있으니 지레 포기하지 마세요.

앞에서도 얘기했듯이 카투사 지원에 가장 바람직한 점수대는 850~930점입니다. 사실 그 점수가 나올 때까지 학원이든 혼자 공부든 자기에게 맞는 방법으로 열심히 하시면 됩니다. 정답은 없습니다. 저도 지금 학원에서 강의를 하고 있지만, 토익을 공부하던 학생일 때는 처음에는 혼자 하다가 5개월 간 학원에 다니면서 점수와 실력을 동시에 쌓았습니다. 학원을 다녀도 본인이 열심히 해야만 점수가 나오는 거니까요.

어떤 방법을 선택하건 개인의 노력 여하에 따라 결과가 달라지기 마련입니다. 자신이 처한 상황에서 최선의 방법을 선택하고 노력하세요. 좋은 결과 있으시길 기원합니다.